CB059849

ME ARREBATA

EPOPEIAS RUBRO-NEGRAS - Volume 2
1950 - 1979

MAURICIO NEVES DE JESUS - RENATO DALMASO

EU NASCI FLAMENGO, EM LAR RUBRO-NEGRO. O vermelho e preto está em minha vida desde sempre. Até nas peladas que eu jogava quando criança na rua Lucinda Barbosa com a Franco Vaz, eu sonhava em jogar no Flamengo. E se pudesse ser com a camisa 10 do meu ídolo, o Dida, eu seria a pessoa mais feliz do mundo. O tempo passou e cheguei ao clube aos 14 anos, pelas mãos do Celso Garcia. Para ficar lá, tive o apoio decisivo do George Helal. Dois grandes rubro-negros, assim como outros que vi ou convivi. Bria, Silva, Joubert, Carlinhos, Valter Miraglia, gente que estava lá jogando ou trabalhando em outras funções, passando de geração em geração o que é ser Flamengo.

Aqui, nestas páginas do segundo volume da HQ Me Arrebata, está minha história como torcedor e jogador, desde os primeiros gols em 1968 contra o Everest, até a conquista do primeiro título brasileiro em 1980. É o filme de uma etapa da minha vida, agora em quadrinhos, para que todos possam se emocionar como eu me emocionei vivendo tudo isso.

Aqui eu pude reencontrar o Francalacci, o Doval, o Geraldo, o Coutinho, o Domingo Bosco e muitos outros. Para mim, eles estão vivos, eu ainda sonho com eles, como se a gente estivesse se preparando para o jogo no próximo domingo.

E aqui, nesta aquarela, eles e todos que fizemos a história do Flamengo, estamos vivos para sempre.

Eu sinto saudade. Foi bom ter feito tudo dando o máximo que eu podia, porque agora posso relembrar e sentir tudo de novo. Afinal, eu realizei o meu sonho de criança, e com a camisa 10 do meu ídolo Dida, no Flamengo do meu pai, no meu Flamengo, eu fui feliz de um jeito que jamais poderia imaginar.

E assim será para sempre.

ZICO

QUANDO EU VOLTEI DA EUROPA PARA ENCERRAR MINHA CARREIRA NO FLAMENGO, ficou famosa uma foto em que estou na Gávea, com o pé esquerdo sobre a bola, e oito jogadores vindos da base estão me ouvindo. Era uma leitura do fotógrafo, o Nilton Claudino, em que eu, chegando aos 38 anos, era o professor dos meus companheiros mais jovens.

Mas a história começa bem antes. Na Escola Flamengo, antes de ser professor, eu fui aluno. Quase tudo o que sei da vida, aprendi lá. Quem me levou do Juventus da praia para o Flamengo foi o seu Bria, tricampeão em 1944, que me acompanhou durante quase todo o tempo em que joguei lá. Tricampeões de 1955 também trabalharam no clube no meu tempo de atleta. Assim, quando eu mesmo fui tricampeão em 1979, eu os carregava comigo, como carrego até hoje.

No começo da carreira nos profissionais, eu fui treinado por Joubert. No final, por Carlinhos. Não há como negar, os que me ensinaram o que é ser Flamengo entendiam do riscado. Passar isso adiante, mais do que uma obrigação, era um prazer. Joubert e Carlinhos estão aqui nesta história em quadrinhos, como estão meus companheiros de campo e os que, fora dele, tornavam tudo possível. Francalacci, Coutinho, Bosco. Se faltou gente, faltou porque o Flamengo é grande demais, não cabe em um livro. O Flamengo inteiro, completo, não cabe em lugar nenhum que não seja no peito da gente.

O que este livro aqui diz é o mesmo que eu estava dizendo para os garotos naquela foto. É o mesmo que eu diria para qualquer um que jogou, jogue ou venha a jogar no clube.

Quando o Flamengo entra em campo, meu irmão, a história entra junto.

JUNIOR

Quando eu fiz a divisão de conteúdo de Me Arrebata, eu sabia que o trabalho do segundo volume seria altamente emocional. Primeiro, porque eu passaria pela formação do meu pai como rubro-negro, ao pé do rádio, no final dos anos 1950. Segundo, porque nele está a minha percepção como alguém que pertencia a algo muito grande chamado Flamengo. Eu me percebi rubro-negro ao mesmo tempo das outras percepções iniciais da vida. E terceiro, porque eu reencontraria aquele que eu chamo de o Flamengo de Zico e Junior, que me ensinou como se vive.

Para além das questões pessoais, me arrepiei ao voltar ao tempo em que Flamengo e Maracanã se encontraram e perceberam que haviam sido feitos um para o outro. Para o Maracanã, o Flamengo seria sua alma. Para o Flamengo, o Maracanã seria o melhor sentido da palavra casa. Assim, revivi a primeira vez que eu fui ao Maracanã. Isso valeu pelas milhares de horas de pesquisa. Espero que você, leitor, também possa se sentir, de novo, pela primeira vez no Maracanã. A gente se vê lá.

Antes da afirmação do Flamengo de Zico e Junior, perdemos Geraldo Assoviador. Não vi Geraldo jogar, mas ele era o 8 do meu primeiro time de botão. E eu perguntava ao meu pai, Tulio, onde estavam os jogadores que tinham seus nomes nos botões, mas que já não estavam no Flamengo que eu ouvia no rádio. Quando eu soube que o número 8 estava morto, conheci a finitude. Aos cinco anos de idade, chorei com o botão de acrílico na mão. O Flamengo me ensinou muito do pouco que sei. Em tempo: eu ainda tenho o botão com o nome do Geraldo. Às vezes, tarde da noite, ouço um assovio.

Enquanto eu escrevia este segundo volume, perdi minha mãe, Mirian. Felizmente ela ainda leu o primeiro livro. "Filho, é o teu Flamengo que está aqui", ela me disse. "O teu também, mãe", queria ter dito eu, mas o nó na garganta impediu. Dias depois do falecimento dela, descobri que serei pai pela primeira vez. Passados uns meses, eu assistia ao jogo em que o Flamengo venceu o Atlético Mineiro pela Copa do Brasil. Estava deitado ao lado da minha esposa, Paula, que dormia. Quando Arrascaeta marcou, permaneci em silêncio, com a mão na barriga da minha esposa, e minha filha se mexeu lá dentro. Deve ter sentido minha felicidade. "É o teu Flamengo, filha", falei baixinho. O Flamengo e a vida continuam.

Esse texto vem assim, emocionado, meio desconexo, porque o escrevo nas últimas horas de 29 de outubro de 2022, e acabamos de ser tricampeões da Libertadores. O Flamengo que é meu e da minha família. Que é seu, amigo leitor. Que é de Geraldo, de Zico e Junior. De Everton Ribeiro, com a esposa Marília e os meninos no gramado em Guayaquil.

De tanta gente, meu Deus, este Flamengo que é, foi e sempre será.

Mauricio Neves de Jesus

UM DIA APÓS A VITÓRIA DO URUGUAI SOBRE O BRASIL NA COPA DE 1950, A CRÔNICA ESPORTIVA DEBATIA SOBRE O FUTURO DO ESTÁDIO MUNICIPAL, O MARACANÃ. COM A EUFORIA TRANSFORMADA EM TRISTEZA, O GIGANTE DE 32 METROS DE ALTURA E 317 DE COMPRIMENTO VOLTARIA A SER TOMADO PELO PÚBLICO?

A RESPOSTA NÃO TARDOU. NO DIA 23 DE JULHO DE 1950, O PRIMEIRO DOMINGO DEPOIS DO MARACANAZO, O ESTÁDIO ENCHEU DE RUBRO-NEGROS PELA PRIMEIRA VEZ.

PELA PRIMEIRA VEZ, PASSAR A CATRACA E DEIXAR O MUNDO PARA TRÁS.

PELA PRIMEIRA VEZ, PERDER O FÔLEGO COM A VISTA DO MAIOR TEMPLO QUE O FUTEBOL MUNDIAL JÁ TEVE.

PELA PRIMEIRA VEZ, O ARREPIO COM O FLAMENGO PISANDO O CAMPO DE JOGO DO MARACANÃ.

ANTES DO JOGO, CINCO PERSONAGENS DO MUNDIAL POSARAM COM A BANDEIRA DO BRASIL. OS RUBRO-NEGROS JUVENAL, BIGODE, JOHNSON E JAYME DE CARVALHO. E ZIZINHO, EM SEU PRIMEIRO JOGO PELO BANGU, QUE O TIRARA DA GÁVEA COM UMA PROPOSTA MILIONÁRIA – A BILHETERIA FAZIA PARTE DO PAGAMENTO DA TRANSFERÊNCIA.

A CARGA DE 40 MIL INGRESSOS SE ESGOTOU. ESTIMA-SE QUE OUTRAS 40 MIL PESSOAS ENTRARAM DEPOSITANDO NAS URNAS DINHEIRO EM VEZ DE BILHETES.

ATENÇÃO, FOTÓGRAFOS, O MOMENTO É HISTÓRICO: BRIA, VALTER, CLÁUDIO, BIGUÁ, JUVENAL, BIGODE, ALOYSIO, ARLINDO, HÉLIO, LERO E ESQUERDINHA, EIS O PRIMEIRO FLAMENGO DO MARACANÃ.

DOIS DE ALOYSIO, UM DE LERO. A VITÓRIA POR 3X1 DEIXOU A TORCIDA EM FESTA E MOTIVOU A MANCHETE DO JORNAL DOS SPORTS: "PARA TRANSFORMAR A MISSA DE SÉTIMO DIA EM FESTA DE BAILE".

JÁ ERAM DECORRIDOS 33 MINUTOS QUANDO ALOYSIO TAVARES DA CUNHA, CAMISA 7, RECEBEU PELA DIREITA E BATEU CRUZADO PARA ABRIR O PLACAR E ENTRAR PARA A HISTÓRIA.

A ESTREIA NO MARACANÃ NÃO SERIA O ÚNICO MARCO HISTÓRICO DAQUELE ANO. POUCO ANTES DAS TRÊS DA MANHÃ DE 12 DE DEZEMBRO DE 1950, TERMINAVA A APURAÇÃO DA ELEIÇÃO QUE TORNOU GILBERTO CARDOSO PRESIDENTE DO FLAMENGO.

O MÉDICO GILBERTO FERREIRA CARDOSO, NATURAL DE CAMPOS, NÃO MILITAVA NA POLÍTICA RUBRO-NEGRA. SUA ELEIÇÃO, ARTICULADA PELO DRAGÃO NEGRO, FOI SEGUIDA POR UM DISCURSO DE COALISÃO.

PEÇO AOS RUBRO-NEGROS DE TODAS AS CORRENTES QUE DEIXEMOS AS DIFERENÇAS PARA TRÁS, EM NOME DA GLÓRIA DO CLUBE DE REGATAS DO FLAMENGO...

GILBERTO CAIU NAS GRAÇAS DA TORCIDA AO TRAZER FLAVIO COSTA DE VOLTA. O COMANDANTE DO TRICAMPEONATO DEU AOS JOVENS DEQUINHA E ÍNDIO AS CAMISAS 5 E 10, E RECEBEU OS REFORÇOS DO ATACANTE ADÃOZINHO E DO BEQUE PAVÃO.

E FOI COM O TIME RENOVADO QUE O FLAMENGO EXCURSIONOU PELA EUROPA PELA PRIMEIRA VEZ. NA NOITE DE 7 DE MAIO DE 1951, COM ELEGANTES TERNOS MANDADOS FAZER ESPECIALMENTE PARA A OCASIÃO, A DELEGAÇÃO CHEFIADA POR JOSÉ LINS DO REGO EMBARCOU RUMO À SUÉCIA.

ESTÁDIO RASUNDA, ESTOCOLMO, 16 DE MAIO DE 1951. JOGANDO COM CAMISAS DE LÃ PARA SUPORTAR O FRIO, OS RUBRO-NEGROS VENCERAM O MALMÖ POR 1 X 0, GOL DE ESQUERDINHA.

O FLAMENGO ORGULHA O ESPORTE BRASILEIRO AQUI NO VELHO MUNDO...

DIRETO DA SUÉCIA, ODUVALDO COZZI FAZIA SUA ESTREIA NA EMISSORA CONTINENTAL, QUE FEZ INSTALAR ALTO-FALANTES NO LARGO DA CARIOCA, REUNINDO UMA MULTIDÃO PARA OUVIR O JOGO.

QUATRO DIAS DEPOIS, TAMBÉM NO RASUNDA, A VÍTIMA FOI O AIK. SOB APLAUSOS, GOLEADA DE 6 X 1 COM UM HAT TRICK DE HERMES.

NO DIA 23, EM MALMÖ, OUTRA VITÓRIA CONTRA O TIME HOMÔNIMO, DESTA FEITA NO ESTÁDIO IDROTTSPLATS: 2 X 0, DOIS GOLS DE NESTOR, O PRIMEIRO DEPOIS DE DRIBLAR O GOLEIRO PETTERSON.

OS BRASILEIROS FORAM RECEBIDOS SOB NEVE NA GELADA SUNDSVALL. NO DIA 27 DE MAIO, ENTRARAM EM CAMPO COM UMA TEMPERATURA DE ZERO GRAU PARA ENFRENTAR O COMBINADO DO NORTE.

NO SEGUNDO GOL DA VITÓRIA POR 2 X 1, ADÃOZINHO AMEAÇOU BATER UMA FALTA, MAS ROLOU PARA PAVÃO MANDAR UMA BOMBA: GOLAÇO!

Em Borás, no dia 1 de junho, o Flamengo bateu o Elfsborg por 3 x 0 e ficou com com a Elfsborg Cup. O velho Biguá foi o mais aplaudido, pela demonstração de raça a cada jogada.

O time seguiu arrasador. Foi à Dinamarca e venceu um combinado de Copenhague por 2 x 0, e voltando à Suécia superou o Halmia também por 2 x 0 e o Norrköping por 6 x 1.

Os dois últimos jogos na Europa foram os mais marcantes. Em 13 de junho, sob as luzes do Parque dos Príncipes, goleada de 5 x 1 contra o Racing Club de Paris. Esquerdinha foi o melhor da noite.

Quatro dias depois, em Lisboa, o Flamengo fez 3 x 0 no Belenenses, com Índio abrindo o marcador com um golaço. 10 vitórias em 10 jogos, 32 gols marcados e apenas 4 sofridos. Um feito notável e eterno.

Às cinco da tarde de 27 de junho de 1951, a aeronave da Scandinavian Airlines pousou no Galeão. Quando os jogadores desembarcaram, o povo que os aguardava comemorou como um gol em decisão de campeonato.

Em carro aberto, a delegação percorreu ruas e avenidas, seguida por uma massa humana das janelas, pessoas acenavam com lenços brancos e jogavam papel picado. O Rio aplaudia os invictos da Europa, orgulho do futebol brasileiro.

NA VOLTA AO BRASIL, DEPOIS DE UM MÊS JUNTO AO TIME DE FUTEBOL, GILBERTO CARDOSO PARECIA DISPOSTO A NÃO SE SEPARAR DO FLAMENGO POR NENHUM INSTANTE, EM NENHUMA MODALIDADE. TRANSPORTAVA O TIME DE VÔLEI FEMININO – OITO ATLETAS – PARA OS JOGOS EM SEU CADILLAC.

NO SÁBADO, 28 DE JULHO DE 1951, ELAS ENFRENTARAM O FLUMINENSE NAS LARANJEIRAS PELA PENÚLTIMA RODADA DO CAMPEONATO CARIOCA. UMA VITÓRIA DARIA O TÍTULO ÀS RUBRO-NEGRAS.

O TRIUNFO POR DOIS SETS A UM VEIO COM UMA GRANDE ATUAÇÃO DA LEVANTADORA CARMEN GODINHO – IRMÃ DE GODINHO, CRAQUE DO BASQUETE. CAMPEÃS COM ONZE VITÓRIAS EM ONZE JOGOS, ELAS ASSEGURARIAM AINDA A INVENCIBILIDADE NA ÚLTIMA RODADA CONTRA O BOTAFOGO.

O TREINADOR ZOULO RABELLO, PEQUENINA, ROSINHA, LEILA, CARMINHA, CARMEN GODINHO, MARLENE, LÍGIA, LYLIAN E GILBERTO CARDOSO COMEMORARAM RUIDOSAMENTE O PRIMEIRO DE UMA SÉRIE DE TÍTULOS QUE FARIA AQUELE TIME SER CONHECIDO COMO ROLINHO COMPRESSOR.

No dia seguinte, 29 de julho, a festa foi no Maracanã, com o Torneio Início. Em jogos com meia hora de duração, o Flamengo venceu o Madureira por 2 x 0, o America por 1 x 0 e o Fluminense por 2 x 0, classificando-se para a final.

A decisão do Initium, em jogo de 60 minutos, foi contra o Bangu. Vitória de virada por 2 x 1, dois gols de Índio, o segundo em cabeçada espetacular.

Biguá e Gilberto Cardoso receberam a Taça Herbert Moses, oferecida pela CBD ao campeão. O primeiro de muitos troféus que o Flamengo conquistaria jogando no Maracanã.

Na segunda-feira, 30 de julho de 1951, no fechamento do Campeonato de Basquete, o Flamengo — campeão desde a antepenúltima rodada — venceu o Mackenzie por 63 x 48 e assegurou que a conquista fosse de modo invicto: 18 jogos, 18 vitórias.

Gilberto Cardoso não poderia estar mais feliz. Viúvo há uma década, já tinha se habituado a ouvir seus amigos dizerem que ele havia se casado de novo, agora com o Flamengo. De fato, haviam nascido um para o outro.

NO DIA 16 DE SETEMBRO DE 1951, UM JOGO PAROU A CIDADE. O FLAMENGO NÃO VENCIA O VASCO PELO CAMPEONATO CARIOCA DESDE O GOL DE VALIDO.

O VASCO SAIU À FRENTE, MAS O ESTREANTE RUBENS, VINDO DA PORTUGUESA DE DESPORTOS, LOGO SE TORNOU O DONO DO JOGO COM SEU FUTEBOL ELEGANTE.

A RÁDIO GLOBO ESTÁ NO GRAMADO COM DOALCEI CAMARGO!

NESTE MOMENTO, MENDES, FLAVIO COSTA CUMPRIMENTA FRIAÇA...

O GOL DE EMPATE FOI NA RAÇA. BARBOSA DEU REBOTE E ADÃOZINHO VOOU PARA EMPURRAR A BOLA COM O PEITO PARA A REDE.

NO INTERVALO, O DECANO NEWTON CANEGAL SENTIU FALTA DE AR E FOI ATENDIDO PELO MÉDICO PAULO SÃO THIAGO. MESMO ASSIM, RETORNOU PARA SER UM DOS MELHORES EM CAMPO.

AOS 18 MINUTOS DO SEGUNDO TEMPO, ÍNDIO ENCOBRIU BARBOSA PARA FAZER O GOL DA VITÓRIA.

AO FINAL, BIGUÁ, CANEGAL, RUBENS E BRIA SAÍRAM CANTANDO A MARCHINHA QUE ERA ENTOADA PELA TORCIDA NO MARACANÃ.

♪ ZUM, ZUM, ZUM, ZUM, ZUM, ZUM, ♪ FLAMENGO DOIS A UM

O ANO DE 1951 AINDA RESERVAVA ALGUMAS ALEGRIAS PARA OS RUBRO-NEGROS. O VÔLEI FEMININO GANHOU O TORNEIO DOS JOGOS DA PRIMAVERA, ENQUANTO O TIME MASCULINO – TAMBÉM TREINADO POR ZOULO RABELLO – LEVOU O CAMPEONATO CARIOCA.

AVANÇA, Ó TURMA, ENQUANTO O BICHO BERRA VENCER NO MAR E TAMBÉM AQUI NA TERRA!

O ROLINHO COMPRESSOR CONQUISTOU O TROFÉU NO DIA 11 DE OUTUBRO, VENCENDO O FLUMINENSE NA QUADRA DA ASSOCIAÇÃO ATLÉTICA GRAJAÚ. A CHARANGA APOIOU SEM PARAR, COM UM GRITO PREPARADO POR JAYME ESPECIALMENTE PARA A OCASIÃO. PEQUENINA, ROSINHA, LEILA, CARMINHA, CARMEN GODINHO, MARLENE E NORMINHA, EIS AS MENINAS DO PRESIDENTE.

JÁ O TIME MASCULINO FOI CAMPEÃO CARIOCA COM TRÊS RODADAS DE ANTECEDÊNCIA. LÚCIO, JONAS, JOHN O'SHEA, CANCINHO, WANTUIL, CORRENTE E LITO, OS MELHORES DO VÔLEI NO RIO EM 1951.

NO FUTEBOL, O FLAMENGO GANHOU A DISPUTA COM O BOTAFOGO E FICOU COM O PONTA-DIREITA JOEL. OS ANOS PROVARIAM QUE TODO O ESFORÇO POR SUA CONTRATAÇÃO SERIA MUITO BEM RECOMPENSADO.

NA GOLEADA DE 6 X 0 CONTRA O CANTO DO RIO, NO ESTÁDIO CAIO MARTINS, EM 18 DE NOVEMBRO DE 1951, JOEL MARCOU O PRIMEIRO DOS 116 GOLS QUE FARIA COM A CAMISA DO FLAMENGO.

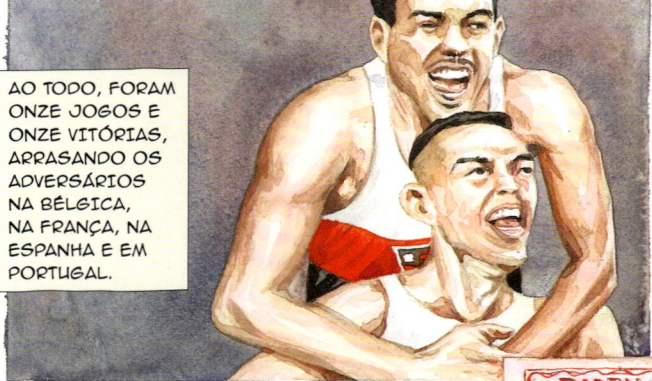

NO DIA 1 DE JANEIRO DE 1952 OS CAMPEÕES DO BASQUETE RUBRO-NEGRO EMBARCARAM PARA A EUROPA. PRIMEIRA PARADA EM BRUXELAS, PARA ENFRENTAR O AMICALE SPORTIVE ET CULTURELLE DE BOCKSTAEL – COM AS CAMISAS DE LÃ, DE MANGAS LONGAS, USADAS PELO TIME DE FUTEBOL NO ANO ANTERIOR NA SUÉCIA.

NO SEGUNDO TEMPO O TIME USOU A TRADICIONAL REGATA, AO CONSTATAR QUE O CALOR DO JOGO BASTAVA PARA ESPANTAR O FRIO. JAMIL GEDEÃO FOI O CESTINHA DA VITÓRIA POR 70 X 56, COM 21 PONTOS.

O TRIUNFO POR 53 X 43 NO DIA 24 DE JANEIRO CONTRA O BARCELONA, UMA POTÊNCIA EUROPEIA, CHOCOU A IMPRENSA ESPANHOLA. POR ISSO, OS INGRESSOS ESGOTARAM PARA O DUELO DO DIA 26, CONTRA A SELEÇÃO CATALÃ, NO *PABELLÓN DEL DEPORTE*.

AO TODO, FORAM ONZE JOGOS E ONZE VITÓRIAS, ARRASANDO OS ADVERSÁRIOS NA BÉLGICA, NA FRANÇA, NA ESPANHA E EM PORTUGAL.

A REVANCHE PRETENDIDA PELOS CATALÃES FOI FRUSTRADA. O FLAMENGO VENCEU POR 50 X 43 E O CAPITÃO ALFREDO DA MOTTA RECEBEU MAIS UM DOS MUITOS TROFÉUS QUE A DELEGAÇÃO TRARIA NA BAGAGEM.

No futebol, o destaque em 1952 foi a excursão para jogos no Peru, na Colômbia e no Equador, com duas caras novas: o meia-esquerda paraguaio Benítez, oriundo do Boca Juniors, e o lateral-esquerdo Jordan, contratado junto ao São Cristóvão.

O giro sul-americano incluiu o quadrangular de Lima. Depois de golear o Sport Boys por 5 x 1 e empatar com o Deportivo Municipal em 4 x 4, o Flamengo levantou o troféu ao ganhar de virada do Alianza por 3 x 1. Joel fez gols nos três jogos.

No dia 10 de agosto, mesmo jogando com os aspirantes, os rubro-negros conquistaram o bicampeonato do Torneio Início. A decisão foi contra o Vasco e Jadyr fez o gol único ao bater Barbosa com um gol de cabeça.

O outro bicampeonato de 1952 foi o do vôlei feminino. A conquista antecipada veio na penúltima rodada, no dia 16 de agosto, com a vitória arrasadora contra o Bangu: 15 x 1 e 15 x 4.

O Rolinho posou para a foto solene, publicada no Esporte Ilustrado: Gilberto Cardoso, Rosinha, Leila, Pequenina e Passarinho, que havia substituído Zoulo Rabello; e agachadas, Carminha, Carmen Godinho e Marlene.

Igualmente arrasador e bicampeão foi o basquete masculino. No jogo que valeu a taça, 42 x 25 contra o Sírio e Libanês no dia 19 de dezembro.

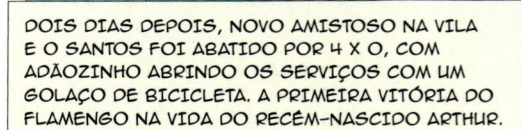

APÓS O NATAL DE 1952, FLAVIO COSTA DEIXOU A GÁVEA PELA SEGUNDA VEZ, AO RECEBER PROPOSTA DO VASCO. JAYME DE ALMEIDA ASSUMIU INTERINAMENTE COMO TÉCNICO.

NO DIA 3 DE MARÇO DE 1953, UMA TERÇA-FEIRA, SANTOS E FLAMENGO JOGARAM UM AMISTOSO NA VILA BELMIRO. O PLACAR DE 4 X 3 PARA OS PAULISTAS SERIA OUTRO, SE O ÁRBITRO NÃO HOUVESSE ANULADO UM GOL LEGÍTIMO DE ÍNDIO, AUTOR DOS TRÊS GOLS RUBRO-NEGROS.

NO MESMO DIA, BEM LONGE DA VILA BELMIRO, ONZE HORAS ANTES DAQUELE JOGO, UMA FAMÍLIA RUBRO-NEGRA ESTAVA FELIZ. NA CASA NÚMERO 7 DA RUA LUCINDA BARBOSA, EM QUINTINO, NASCIA ARTHUR ANTUNES COIMBRA, O SEXTO FILHO DE SEU ANTUNES E DONA MATILDE.

DOIS DIAS DEPOIS, NOVO AMISTOSO NA VILA E O SANTOS FOI ABATIDO POR 4 X 0, COM ADÃOZINHO ABRINDO OS SERVIÇOS COM UM GOLAÇO DE BICICLETA. A PRIMEIRA VITÓRIA DO FLAMENGO NA VIDA DO RECÉM-NASCIDO ARTHUR.

ENQUANTO ISSO, O ROLINHO SEGUIA ARRASADOR. EM EXCURSÃO AO PERU, ENTRE OS DIAS 23 DE FEVEREIRO E 8 DE MARÇO, FORAM 19 JOGOS COM 19 VITÓRIAS INCONTESTÁVEIS, CHEGANDO A JOGAR TRÊS VEZES EM APENAS 24 HORAS.

AINDA COM JAYME NO COMANDO TÉCNICO, O FLAMENGO FOI A BUENOS AIRES NO FINAL DE MARÇO DISPUTAR TORNEIO QUADRANGULAR *JUAN DOMINGO PERÓN*. NOS DOIS PRIMEIROS JOGOS, 2 X 2 COM O SAN LORENZO E 1 X 1 COM O BOCA JUNIORS.

A CONQUISTA DO QUADRANGULAR FOI CONTRA UM VELHO RIVAL. NO SÁBADO, 28 DE MARÇO, OS RUBRO-NEGROS BATERAM O BOTAFOGO POR 3 X 0 NO *MONUMENTAL DE NÚÑEZ*. RUBENS, O CRAQUE DO TORNEIO, ANOTOU DUAS VEZES.

MAIS TARDE, GILBERTO CARDOSO RECEBEU NO HOTEL EM QUE SE HOSPEDAVA, EM BUENOS AIRES, UMA RÁPIDA VISITA DO TREINADOR PARAGUAIO FLEITAS SOLICH, QUE ESTAVA EM LIMA COMANDANDO O PARAGUAI NO CAMPEONATO SUL-AMERICANO, ONDE FARIA A FINAL CONTRA O BRASIL.

DESDE A SAÍDA DE FLAVIO QUE GILBERTO QUERIA SOLICH, INDICADO POR BRIA, MAS ESTE TINHA O SUL-AMERICANO PELA FRENTE. GILBERTO TOPOU ESPERAR TRÊS MESES ATÉ PODER FECHAR A CONTRATAÇÃO, E PEDIU APENAS QUE JAYME DE ALMEIDA FOSSE O SEU AUXILIAR. DE RESTO, CARTA BRANCA PARA FLEITAS. *SALUD!*

"EL PRESIDENTE ME DIO CARTA BLANCA PARA HACER LO QUE QUIERA. ME VOY AL FLAMENGO PARA SER CAMPEÓN."

OS JORNALISTAS QUE COBRIAM O FLAMENGO NO QUADRANGULAR AGUARDAVAM EM FRENTE AO HOTEL, NA RUA TUCUMÁN. SOLICH TINHA PRESSA EM RETORNAR PARA LIMA E DEU UMA BREVE DECLARAÇÃO.

Fleitas Solich apresentou-se na Gávea no dia 8 de abril de 1953, uma semana depois de ter conquistado o título Sul-Americano contra o Brasil, e efetivou Jayme como seu auxiliar.

A estreia de Solich foi no dia 11 de abril, no jogo contra o Santos pelo Rio-São Paulo. A dez minutos do fim, com os paulistas vencendo por 2 x 1, Solich colocou no lugar de Adãozinho um atacante recém-chegado do Madureira: Evaristo.

Cinco minutos depois, Evaristo recebeu de Esquerdinha, cortou o zagueiro Cássio para a esquerda e chutou rasteiro no contrapé de Manga: 2 x 2.

Após a nova saída, os rubro-negros roubaram a bola, que foi a Esquerdinha. O camisa 11 passou por Zito, ganhou de Cássio na velocidade e fuzilou para virar o jogo.

Festa no vestiário. Esquerdinha já era um ídolo do Flamengo e foi o padrinho do batismo rubro-negro de Evaristo de Macedo que, aos 19 anos, ainda levaria algum tempo até se tornar titular.

O CAMPEONATO CARIOCA DE 1953 SERIA DISPUTADO EM TRÊS TURNOS. NA ESTREIA CONTRA O MADUREIRA, GOLEADA POR 4 X 0 NO DIA 12 DE JULHO. O CAPITÃO ESQUERDINHA FEZ O PRIMEIRO, EM UM RARO CHUTE DE PÉ DIREITO.

O TIME DE SOLICH CONTRARIAVA O JOGO CADENCIADO QUE PREVALECIA NO PAÍS. ERA COMPACTO E VELOZ. MAIS TRIANGULAÇÕES, MENOS DRIBLES E UM BOMBARDEIO DA LINHA OFENSIVA: JOEL, RUBENS, ÍNDIO, BENÍTEZ E ESQUERDINHA.

BENÍTEZ, IMPARÁVEL, EMPILHAVA GOLS. NO DIA 1 DE AGOSTO, NA GOLEADA POR 4 X 0 CONTRA O BONSUCESSO, O 10 PARAGUAIO FEZ OS QUATRO.

DO 7 AO 11, O FLAMENGO DE DON MANUEL AGUSTÍN FLEITAS SOLICH ERA UMA MÁQUINA DE FAZER GOLS, COMO TESTEMUNHOU O BANGU, DERROTADO POR 5 X 0 EM 8 DE AGOSTO E 7 X 2 NO DIA 27 DE SETEMBRO.

AS COISAS IAM BEM TAMBÉM NO VÔLEI. NO DIA 18 DE AGOSTO, A VITÓRIA POR DOIS SETS A UM CONTRA O AMERICA VALEU O CAMPEONATO CARIOCA MASCULINO, EM GRANDE NOITE DO LEVANTADOR JOHN O'SHEA, RECÉM-CASADO COM ROSINHA, DO ROLINHO COMPRESSOR.

NO SÁBADO, 10 DE OUTUBRO, O FLAMENGO VENCEU O CANTO DO RIO PELA TERCEIRA RODADA DO SEGUNDO TURNO. BENÍTEZ ASSEGUROU OS DOIS PONTOS COM UM BELO CHUTE.

MAS O GOL DE BENÍTEZ NÃO SERIA O PONTO ALTO DO MARACANÃ NAQUELE SÁBADO. EM UM TABLADO ARMADO ATRÁS DO GOL À ESQUERDA DAS TRIBUNAS, ACONTECERIA O FLA-FLU DECISIVO DE VÔLEI FEMININO DA QUINTA EDIÇÃO DOS JOGOS DA PRIMAVERA.

NO MÊS ANTERIOR, O FLUMINENSE HAVIA CONQUISTADO O CAMPEONATO CARIOCA DE VÔLEI FEMININO EM UM FLA-FLU EXTRA. MÁRIO FILHO, IDEALIZADOR DOS JOGOS DA PRIMAVERA, NÃO PERDEU A CHANCE E PROMOVEU NAS PÁGINAS DO JORNAL DOS SPORTS A NOVA DECISÃO COMO UMA REVANCHE, E A LEVOU PARA O MARACANÃ.

RUBRO-NEGRAS E TRICOLORES LUTARAM PONTO A PONTO. UMA MULTIDÃO ESTIMADA EM QUARENTA MIL PESSOAS VIBROU COM A VITÓRIA DO ROLINHO POR DOIS SETS A UM, PARCIAIS DE 13 X 15, 17 X 15 E 15 X 10.

DIFÍCIL DIZER QUEM ESTAVA MAIS FELIZ. MÁRIO FILHO COMEMORAVA O SUCESSO DA EMPREITADA. AS MENINAS, CAMPEÃS, HAVIAM JOGADO PARA O MAIOR PÚBLICO DE SUAS VIDAS. MAS TALVEZ A MAIOR FELICIDADE FOSSE MESMO A DE GILBERTO CARDOSO, COM O FLAMENGO, AMOR DA SUA VIDA, MAIS UMA VEZ CAMPEÃO.

NO FLA-FLU DO DIA 6 DE DEZEMBRO, O FLAMENGO LEVOU O TÍTULO DA PRIMEIRA PARTE DO CAMPEONATO, FORMADA PELO PRIMEIRO E PELO SEGUNDO TURNOS EM PONTOS CORRIDOS, ASSEGURANDO A VAGA NA FINAL. NEM A CHUVA FORTE QUE CAIU ATÉ O COMEÇO DA TARDE AFASTOU O PÚBLICO: 100 MIL PESSOAS NO MARACANÃ.

O FLUMINENSE FEZ 1 X 0 AOS 39 MINUTOS. A RESPOSTA FOI IMEDIATA. ESQUERDINHA COBROU UM ESCANTEIO BEM ABERTO. ÍNDIO SALTOU PARA METER A CABEÇA NA BOLA ENCHARCADA E NÃO VIU MAIS NADA, COM OS OLHOS CHEIOS DE LAMA.

A BOLA ENTROU NO CANTO DIREITO. MOMENTANEAMENTE SEM VISÃO, ÍNDIO SÓ ENTENDEU QUE HAVIA MARCADO QUANDO FOI LEVANTADO POR BENÍTEZ, AO MESMO TEMPO EM QUE OUVIA A EXPLOSÃO DA MULTIDÃO.

AOS 10 DA ETAPA FINAL, O GOLAÇO DE RUBENS EM UMA BOMBA DE FORA DA ÁREA DEIXOU A MASSA VERMELHA E PRETA EM ESTADO DE ALUCINAÇÃO. SÓ SE OUVIA UM LADO DO MARACANÃ. FOI O GOL DA VITÓRIA.

O MELHOR RETRATO DA SUPERIORIDADE DO FLAMENGO FOI O DOMÍNIO DO POTIGUAR DEQUINHA, O DONO DO JOGO, SOBRE DIDI.

NA SAÍDA, JAYME DE CARVALHO LIDEROU A CHARANGA EM UM LONGO DESFILE QUE SÓ ACABOU NA AVENIDA RIO BRANCO. TODOS OS RUBRO-NEGROS JÁ SENTIAM AQUELE ARREPIO QUE VEM DA ALMA, A CADA VEZ QUE O FLAMENGO ESTÁ PRÓXIMO DE SER CAMPEÃO.

APÓS TRÊS VITÓRIAS NO TERCEIRO TURNO, O FLAMENGO CHEGOU À PENÚLTIMA RODADA CONTRA O VASCO PODENDO SER CAMPEÃO, NO DIA 10 DE JANEIRO, COM GARCIA, SERVÍLIO, PAVÃO, MARINHO, DEQUINHA, JORDAN, JOEL, RUBENS, ÍNDIO, BENÍTEZ E ESQUERDINHA.

SÓLIDO, VELOZ E OFENSIVO COMO QUERIA SOLICH, O CAMPEÃO DE 1953 BATEU O VASCO POR 4 X 1, SENDO GOLEADORES ESQUERDINHA, ÍNDIO E BENÍTEZ, ESTE DUAS VEZES, ARTILHEIRO MÁXIMO DA COMPETIÇÃO COM 22 GOLS.

DA CABINE DA RÁDIO GLOBO, LUIZ MENDES ANTECIPAVA A ANÁLISE QUE SE ESPALHARIA PELA IMPRENSA ESCRITA NOS DIAS SEGUINTES.

É PRECISO RECONHECER: DON FLEITAS SOLICH DEU-NOS UMA AULA. SEU IRRESISTÍVEL FLAMENGO APONTA O CAMINHO DO FUTURO. VAMOS AO GRAMADO COM O REPÓRTER GERALDO BORGES!

CAMPEÃO CONTRA O BOTAFOGO DE GENTIL CARDOSO, CONTRA O FLUMINENSE DE ZEZÉ MOREIRA E CONTRA O VASCO DE FLAVIO COSTA, SOLICH VIVIA UM MOMENTO DE CONSAGRAÇÃO.

NO VESTIÁRIO DO CAMPEÃO, A FELICIDADE DE FADEL FADEL, HOMEM FORTE DO FUTEBOL; DE RUBENS, MELHOR JOGADOR DO CAMPEONATO; DE SOLICH E DE GILBERTO CARDORO. A BASE DAQUELE FLAMENGO ARRASADOR.

SOLICH É CARREGADO EM TRIUNFO, MENDES! TODOS QUEREM ABRAÇAR DON FLEITAS!

NO DIA 20 DE JANEIRO, ANTES DE VENCER O BOTAFOGO POR 1 X 0, O FLAMENGO DEU ADEUS A BIGUÁ, QUE ENTREGOU SUAS CHUTEIRAS A UM JUVENIL DE 16 ANOS, COMO SE CONFIASSE A ELE O SEU LEGADO. O GAROTO SE CHAMAVA CARLINHOS.

A DESPEDIDA DE BIGUÁ NÃO FOI A ÚNICA REVERÊNCIA AO PASSADO. OS TRICAMPEÕES DE 1944 DESFILARAM SOB APLAUSOS. À SUA FRENTE, CONDUZINDO O PAVILHÃO, GALO, 60 ANOS, AUTOR DO SEXTO GOL NO PRIMEIRO JOGO EM 1912 E BICAMPEÃO EM 1914 E 1915.

NA ENTREGA DAS FAIXAS, COUBE A ARY BARROSO CONDECORAR ÍNDIO, ATO ABENÇOADO PELO PADRE GÓES, VIGÁRIO DA IGREJA DE SÃO JUDAS TADEU, QUE CELEBRAVA AS MISSAS COM A CAMISA DO FLAMENGO SOB A BATINA.

PELADINHO, PERSONAGEM DO "BALANÇA MAS NÃO CAI", DA RÁDIO NACIONAL, TAMBÉM ESTAVA EUFÓRICO. FOI ELE QUEM ALCUNHOU RUBENS DE "DOTÔ RÚBIS", POPULARIZOU A EXPRESSÃO "MENGO" E CRIOU UM BORDÃO COM ERRO DE CONCORDÂNCIA QUE CAIU NA BOCA DO POVO.

O BASQUETE TAMBÉM TINHA SUA PARTE NA ALEGRIA. NA NOITE DE 22 DE JANEIRO DE 1954, O TRICAMPEONATO CHEGOU DE MODO ANTECIPADO NOS 65 X 53 FRENTE AO FLUMINENSE. NO MÊS ANTERIOR, O FLAMENGO HAVIA DIVIDIDO O PRIMEIRO LUGAR DO SUL-AMERICANO DE CLUBES COM O SANTA FÉ, DA ARGENTINA, E COM O OLIMPIA, DO PARAGUAI, EM TORNEIO JOGADO NO CHILE.

EM 1954, O FLAMENGO VENCEU SEUS SETE PRIMEIROS JOGOS NO CAMPEONATO CARIOCA. NO DIA 15 DE OUTUBRO, A GÁVEA LOTOU PARA O TREINO QUE ANTECEDIA O CLÁSSICO CONTRA O VASCO. OS TITULARES PERDIAM POR 3 X 2 PARA OS ASPIRANTES, QUANDO BENÍTEZ SE LESIONOU. SOLICH ENTÃO MANDOU UM JOGADOR TROCAR DE CAMISA: DIDA.

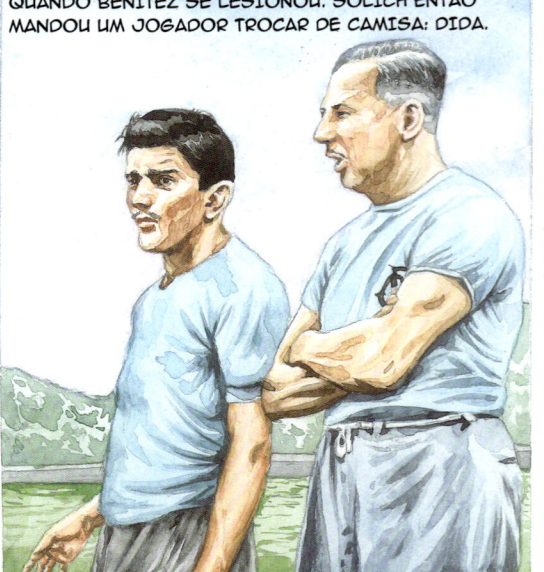

EDVALDO ALVES DE SANTA ROSA, O DIDA, ERA UMA JOIA QUE O FLAMENGO BUSCARA NO FUTEBOL ALAGOANO. NAQUELA TARDE, ELE JÁ HAVIA MARCADO PELOS ASPIRANTES. E AO TROCAR DE TIME, FEZ O GOL DE EMPATE DOS TITULARES.

DIDA DIVIDIA O QUARTO NA CONCENTRAÇÃO COM BABÁ, PONTEIRO CANHOTO VINDO DO CEARÁ, DE FUTEBOL INVERSAMENTE PROPORCIONAL À SUA ALTURA DE POUCO MAIS DE METRO E MEIO. NA MANHÃ DO DOMINGO, 17 DE OUTUBRO, OS DOIS CONVERSAVAM SOBRE A EXPECTATIVA DO CLÁSSICO DE ASPIRANTES.

A CONVERSA É INTERROMPIDA POR BRIA, TÉCNICO DOS ASPIRANTES.

CHEGOU A SAIR NA IMPRENSA QUE EU ESTREARIA NO TIME PRINCIPAL HOJE, BABÁ, MAS DUVIDO.

MANTÉM O FOCO NOS ASPIRANTES, DIDA, JÁ VAI TER MAIS DE CEM MIL PESSOAS NA HORA DA PRELIMINAR.

DON FLEITAS QUER FALAR COM VOCÊS DOIS NO QUARTO DELE IMEDIATAMENTE. JÁ LEVEM SUAS BOLSAS COM O MATERIAL DE JOGO.

QUANDO A DUPLA CHEGA AO QUARTO DE SOLICH, ZAGALLO TAMBÉM ESTÁ LÁ. ELE VINHA SENDO O SUBSTITUTO DE ESQUERDINHA, AFASTADO POR LESÃO.

BUENO, BENÍTEZ TEM FRATURA DUPLA NO PÉ. EVARISTO ESTÁ COM DESGASTE MUSCULAR. DIDA, VOCÊ SERÁ O 10. ZAGALLO, COMO VOCÊ E DIDA NÃO ATUARAM JUNTOS AINDA, JOGA O BABÁ PORQUE OS DOIS ESTÃO ENTROSADOS.

O PEQUENO BABÁ ATORMENTOU OS MARCADORES. FOI ELE QUEM SOFREU A FALTA QUE ABRIRIA O CAMINHO PARA A VITÓRIA. DALI, DAQUELA POSIÇÃO, DOUTOR RÚBIS BOTAVA A PELOTA ONDE QUERIA.

BARBOSA SALTOU EM VÃO. BOLA NA GAVETA, GOLAÇO DE RUBENS. ÍNDIO FARIA O SEGUNDO NA VITÓRIA POR 2 X 1.

DIDA FOI UM DOS DESTAQUES DA TARDE E O MAIS CUMPRIMENTADO AO FINAL, INCLUSIVE PELOS ADVERSÁRIOS. O FUTURO HAVIA SE MOSTRADO AOS RUBRO-NEGROS COM A CAMISA 10.

O FLAMENGO LEVOU O TURNO INICIAL DE MODO INVICTO. NA TARDE DE 21 DE NOVEMBRO, JÁ NO SEGUNDO TURNO, DIDA FEZ SEU PRIMEIRO GOL PELO TIME PRINCIPAL NOS 2 X 1 CONTRA A PORTUGUESA, POUCO ANTES DE BENÍTEZ VOLTAR À TITULARIDADE.

NA MARCHA RUMO AO BICAMPEONATO, EVARISTO JOGOU EM TODAS AS POSIÇÕES DO ATAQUE. ZAGALLO, NA PONTA ESQUERDA, ANUNCIAVA O FUTEBOL MODERNO: ATACAVA E VOLTAVA PARA MARCAR E PREFERIA A TABELA AO DRIBLE.

NA LATERAL-DIREITA, O ALAGOANO TOMIRES, VINDO DA PORTUGUESA DE DESPORTOS, FOI DOMINANTE. O CANGACEIRO, TORNOU-SE O COMPANHEIRO DEFINITIVO DE PAVÃO.

QUANDO JOEL SE CONTUNDIU GRAVEMENTE CONTRA O VASCO, SOLICH BUSCOU PAULINHO NOS ASPIRANTES PARA O DIFÍCIL JOGO DE 16 DE JANEIRO DE 1955, FORA DE CASA, CONTRA O MADUREIRA.

APESAR DO CAMPO ENLAMEADO, PAULINHO DEU DUAS ASSISTÊNCIAS PARA ÍNDIO E MARCOU ELE MESMO O TERCEIRO NA VITÓRIA POR 3 X 0 QUE VALEU A CONQUISTA DA PRIMEIRA ETAPA, FORMADA PELOS DOIS TURNOS INICIAIS, E UM CARNAVAL FORA DE ÉPOCA EM CONSELHEIRO GALVÃO.

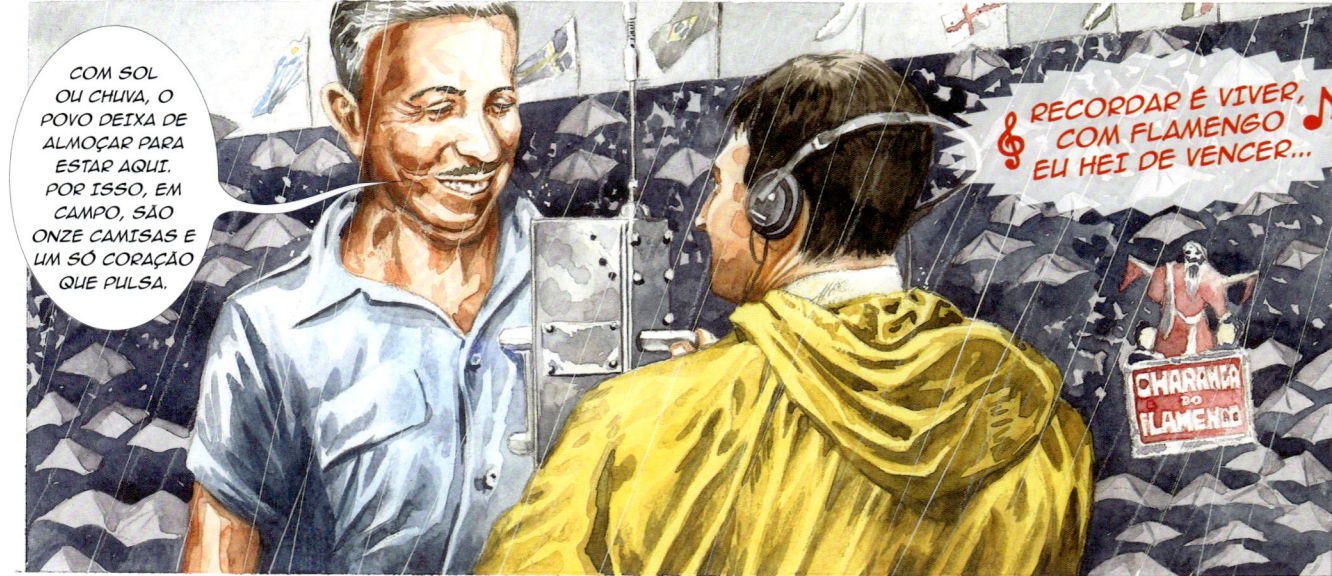

COM SOL OU CHUVA, O POVO DEIXA DE ALMOÇAR PARA ESTAR AQUI. POR ISSO, EM CAMPO, SÃO ONZE CAMISAS E UM SÓ CORAÇÃO QUE PULSA.

♪ RECORDAR É VIVER, COM FLAMENGO EU HEI DE VENCER... ♪

CHARANGA DO FLAMENGO

O FLAMENGO CHEGOU À PENÚLTIMA RODADA DO TERCEIRO TURNO DEPENDENDO DE UMA VITÓRIA PARA A CONSAGRAÇÃO. NA NOITE DE SÁBADO, 12 DE FEVEREIRO DE 1955, O VASCO SAIU À FRENTE, MAS ÍNDIO EMPATOU AINDA NO PRIMEIRO TEMPO.

NA METADE DA ETAPA FINAL, PAULINHO ACERTOU UM CHUTE ESPETACULAR NO ÂNGULO OPOSTO. COMO DIZIAM OS NARRADORES DA ÉPOCA, UM GOL DE MARACANÃ. O GOL DO BICAMPEONATO.

NA FESTA DO VESTIÁRIO, A EUFORIA FEZ OS JOGADORES PUXAREM SOLICH E GILBERTO CARDOSO PARA DEBAIXO DOS CHUVEIROS. AFINAL, VENCEDOR DOS TRÊS TURNOS DE 1953 E DOS TRÊS TURNOS DE 1954, O FLAMENGO ESTAVA MESMO DE ALMA LAVADA.

AINDA MOLHADO, NA COMPANHIA DE DARIO DE MELLO PINTO, GILBERTO CARDOSO FALOU A JORGE CURY, DA RÁDIO NACIONAL.

QUEM ME TROUXE PARA O QUADRO DE DIRETORES FOI O DARIO, MEU COMPANHEIRO DE ARQUIBANCADA DESDE O TÍTULO DE 1925, QUANDO AINDA ÉRAMOS ESTUDANTES. EU SONHO EM SER, COMO ELE, O PRESIDENTE DE UM TRICAMPEONATO.

GILBERTO CARDOSO HAVIA TRANSFORMADO O FLAMENGO EM UMA POTÊNCIA ESPORTIVA. E TÃO MARCANTE QUANTO AS CONQUISTAS, ERA A SENSAÇÃO DE ONIPRESENÇA DO PRESIDENTE. CRUZAVA A CIDADE EM SEU *CADILLAC* PARA ESTAR JUNTO AOS ATLETAS EM TODAS AS MODALIDADES, POR QUEM ERA AMADO COMO NENHUM OUTRO PRESIDENTE.

A FESTA DA TEMPORADA DE 1954 NÃO FOI APENAS COM O BICAMPEONATO DO FUTEBOL. O BASQUETE MASCULINO CHEGOU AO QUARTO TÍTULO SEGUIDO. ALÉM DOS NOMES CONSAGRADOS, GUGUTA COMEÇAVA A SE DESTACAR.

JÁ O BASQUETE FEMININO CONQUISTOU O CAMPEONATO CARIOCA PELA PRIMEIRA VEZ, SOB A LIDERANÇA DA CESTINHA NÍVEA, QUE MARCOU 121 PONTOS NO CAMPEONATO – 40 DELES, EM UM ÚNICO JOGO – E COM A PRESENÇA DE CARMEN GODINHO, ESTRELA DE DUAS MODALIDADES.

NO VÔLEI FEMININO, O *ROLINHO* RECONQUISTOU O TÍTULO DE MODO INVICTO. A MULTICAMPEÃ MARINA FOI UMA DAS ESTRELAS DA CAMPANHA ARRASADORA.

UM DOS MAIORES ATLETAS DA HISTÓRIA DO CLUBE, JOSÉ TELLES DA CONCEIÇÃO DEU UM SHOW PARTICULAR NO CAMPEONATO CARIOCA DE ATLETISMO MASCULINO, LEVANDO O FLAMENGO AO PRIMEIRO LUGAR VENCENDO AS PROVAS DE SALTO EM DISTÂNCIA, 100 METROS RASOS, SALTO EM ALTURA, 200 METROS RASOS E DECATLO.

EM 1955, O TRICAMPEONATO NO FUTEBOL VIROU UMA OBSESSÃO PARA OS RUBRO-NEGROS E PARA GILBERTO CARDOSO EM PARTICULAR. DEPOIS DE QUATRO VITÓRIAS INICIAIS, O TIME ENCAROU O BOTAFOGO NA QUINTA RODADA E PERDEU ÍNDIO LOGO NO COMEÇO: RUPTURA DOS LIGAMENTOS DO JOELHO DIREITO.

O FLAMENGO JÁ NÃO TINHA RUBENS, LESIONADO. NA PRELIMINAR DE ASPIRANTES, PERDERA O GOLEIRO CHAMORRO, COM FRATURA NA FACE. NERVOSO COMO NUNCA, GILBERTO CARDOSO DECIDIU NÃO VER O JOGO E FICOU EM UMA ANTESSALA DAS CABINES DE RÁDIO.

EM CAMPO, UM A MENOS, ALMA EM DOBRO. EM DUELO PARTICULAR, JORDAN LEVOU A MELHOR SOBRE GARRINCHA.

A NOVE MINUTOS DO FIM, DE UMA DISTÂNCIA DE 40 METROS, O INCANSÁVEL DEQUINHA MANDA DE CANHOTA: 1 X 0 COM GOSTO DE GOLEADA.

O GOLAÇO DE DEQUINHA SAIU NO EXATO MOMENTO EM QUE GILBERTO CARDOSO HAVIA CHEGADO ÀS CADEIRAS, "PARA VER SE A COISA ANDAVA OU NÃO". PARA A EUFORIA DO PRESIDENTE, A COISA ANDOU.

A PAIXÃO RUBRO-NEGRA DE GILBERTO CARDOSO, QUE ERA A DEVASTADORA PAIXÃO DE UM TORCEDOR, HAVIA SIDO ABSORVIDA PELOS ATLETAS. NO DIA 18 DE SETEMBRO DE 1955, O FLAMENGO CONQUISTOU O BICAMPEONATO CARIOCA DE ATLETISMO. PELA MANHÃ, SEBASTIÃO MENDES GANHOU OS 3 MIL METROS COM OBSTÁCULOS.

À TARDE, SEBASTIÃO DISPUTOU OS 10 MIL METROS. QUATRO DIAS ANTES, ELE JÁ HAVIA VENCIDO OS 1500 E OS 5 MIL METROS. ESTAVA ESGOTADO, MAS NÃO ABRIU MÃO DE CORRER. SUA EXAUSTÃO ERA EVIDENTE QUANDO PASSOU A MARCA DE 9800 METROS, DEFENDENDO O TERCEIRO LUGAR.

DA LINHA DE CHEGADA, GILBERTO GRITAVA PARA O ATLETA ABANDONAR. SEBASTIÃO PROSSEGUIU E, AO CRUZAR EM TERCEIRO, FOI AO CHÃO. GILBERTO, ÀS LÁGRIMAS, CORREU PARA AMPARÁ-LO E OUVIU ALGO QUE O EMOCIONOU PROFUNDAMENTE.

— É PARA VOCÊ, PRESIDENTE...

AO FINAL, GILBERTO DESABAFOU COM JOSÉ TELLES DA CONCEIÇÃO, DESTAQUE DA CONQUISTA.

— POR DEUS, EU GRITEI AO SEBASTIÃO QUE PARASSE. EU SEI QUE O FLAMENGO GRITA DENTRO DA GENTE, MAS É PRECISO ENCONTRAR UM LIMITE. AINDA VOU MORRER DEPOIS DE UMA VITÓRIA...

O VÔLEI RUBRO-NEGRO FOI CAMPEÃO CARIOCA MASCULINO E FEMININO DE 1955. PORÉM, O GRANDE MOMENTO DA MODALIDADE FOI O TRICAMPEONATO DOS JOGOS DA PRIMAVERA, NA NOITE DE 29 DE NOVEMBRO, QUE VALEU TAMBÉM COMO O PRIMEIRO CAMPEONATO BRASILEIRO INTERCLUBES DE VÔLEI FEMININO.

O FLA-FLU DECISIVO LOTOU O MARACANÃZINHO. AS TRICOLORES ESTIVERAM A DOIS PONTOS DE FAZER DOIS A ZERO E FECHAR O JOGO. FOI AÍ QUE ACONTECEU A VIRADA FLAMENGA, IMPROVÁVEL, HEROICA, ARREBATADORA.

MARIO FILHO VIU GILBERTO CARDOSO SAINDO DO GINÁSIO, "LÍVIDO, CHORANDO, A BALANÇAR O CORPO COMO SE FOSSE CAIR".

GILBERTO DESCONVERSAVA, DIZIA QUE ASSIM ERA O FLAMENGO, FAZIA FALTAR O AR. E NA ABERTURA DO TRIANGULAR DECISIVO DE BASQUETE, EM 25 DE NOVEMBRO DE 1955, LÁ ESTAVA GILBERTO, AO LADO DE KANELA.

A NOVE SEGUNDOS DO FIM, O SÍRIO VENCIA POR 44 X 43 E ALGODÃO COMETEU FALTA.

OLIVIERI TINHA O TRIUNFO NAS MÃOS. ATÉ ENTÃO, ELE HAVIA CONVERTIDO TODOS OS LANCES LIVRES.

A PRIMEIRA BOLA CHOROU E NÃO CAIU...

...A SEGUNDA DEU NA TABELA, NO ARO E ALGODÃO PEGOU O REBOTE.

NO CONTRA-ATAQUE, ALFREDO RECEBEU DE ALGODÃO E ARMOU PARA GUGUTA QUE, NA ÚLTIMA FRAÇÃO DE SEGUNDO, DEFINIU: 45 X 44. A BOLA CAINDO NA REDE. A DERROTA VIRANDO VITÓRIA.

O SINAL SONORO DO FIM DO JOGO. FLAMENGO EM ESTADO BRUTO. TUDO AO MESMO TEMPO, TUDO DEMAIS PARA O MAIOR DE TODOS OS CORAÇÕES RUBRO-NEGROS.

OFEGANTE, GILBERTO CARDOSO NÃO CONSEGUIU CONCLUIR UMA ENTREVISTA PARA A RÁDIO CONTINENTAL. SAIU DO GINÁSIO, PEGOU SEU CADILLAC E, NO MEIO DO TRAJETO RUMO AO HOSPITAL, NÃO AGUENTOU A DOR. CHEGOU AO SOUZA AGUIAR DE TÁXI. O ATENDIMENTO NÃO SURTIU EFEITO. POUCO DEPOIS DA PRIMEIRA HORA DE 26 DE NOVEMBRO DE 1955, O HOMEM DEU LUGAR À LENDA.

NA NOITE DE 30 DE NOVEMBRO DE 1955, EM NITERÓI, O FLAMENGO JOGOU PELA PRIMEIRA VEZ APÓS O DESAPARECIMENTO DE GILBERTO...

DOIS CLARINETISTAS EXECUTARAM O TOQUE DE SILÊNCIO ANTES DE O TIME, EM VESTES DE LUTO, GOLEAR O CANTO DO RIO POR 5 X 2 – DIDA FEZ OS TRÊS PRIMEIROS.

ESQUERDINHA, QUE NAQUELA NOITE MARCOU SEUS DOIS ÚLTIMOS GOLS PELO FLAMENGO, DEU DEPOIMENTO EMOCIONADO.

"SINTO QUE LOGO NÃO ESTAREI MAIS NO CLUBE, MAS PRECISAMOS GANHAR ESSE TRICAMPEONATO PELO DOUTOR GILBERTO."

ALÉM DA TRISTEZA, O FLAMENGO LUTAVA CONTRA OS DESFALQUES: GARCIA, RUBENS E EVARISTO ESTAVAM LESIONADOS. MESMO ASSIM, NO DIA 18 DE DEZEMBRO, REPETIU UM FEITO DE 1944 E BATEU O FLUMINENSE, DE VIRADA, POR 6 X 1. PAULINHO FEZ TRÊS.

NO DIA SEGUINTE, NO MARACANÃZINHO, RISOS E LÁGRIMAS. A VITÓRIA POR 58 X 52 FRENTE AO SÍRIO VALEU O PENTACAMPEONATO DE BASQUETE. A TORCIDA GRITAVA O NOME DE GILBERTO.

AO FINAL DOS DOIS PRIMEIROS TURNOS, O FLAMENGO ESTAVA UM PONTO À FRENTE DO VASCO NA CLASSIFICAÇÃO GERAL. SOLICH EXALTAVA A FORÇA DOS SUPLENTES, COMO O GOLEIRO CHAMORRO E PAULINHO, QUE ATUANDO NA MEIA FEZ OS DOIS GOLS NA VITÓRIA CONTRA O BOTAFOGO NA NOITE DE 4 DE FEVEREIRO, NA ÚLTIMA RODADA DO SEGUNDO TURNO.

FONTE DE RECURSOS PARA OS TITULARES, OS ASPIRANTES FORAM CAMPEÕES DA SUA CATEGORIA. O BEQUE JOUBERT, O MEIA MOACIR E O CENTROAVANTE HENRIQUE FAZIAM A TORCIDA CHEGAR MAIS CEDO PARA AS PRELIMINARES.

O TERCEIRO TURNO, DISPUTADO PELOS SEIS MELHORES DAS OUTRAS DUAS FASES, FICOU COM O AMERICA. O CAMPEONATO SERIA DECIDIDO ENTRE RUBROS E RUBRO-NEGROS EM UMA MELHOR DE TRÊS. ALÉM DE NÃO TER RUBENS, O FLAMENGO PERDEU TAMBÉM ÍNDIO. MAS EVARISTO JÁ ESTAVA DE VOLTA...

... E DECIDIU O PRIMEIRO CONFRONTO, NO DIA 25 DE MARÇO DE 1956, AOS 44 DO SEGUNDO TEMPO. UMA BOMBA DA MEIA-DIREITA QUE ENCOBRIU POMPEIA: 1 X 0. O FLAMENGO ESTAVA A UM PASSO DO TRICAMPEONATO.

O FLAMENGO PODERIA TER SIDO TRICAMPEÃO NO SEGUNDO JOGO, MAS ACABOU GOLEADO POR 5 X 1. ANTES DA FINALÍSSIMA, DIA 4 DE ABRIL DE 1956, FOI TOMIRES QUEM TOMOU A PALAVRA.

VAMOS VENCER. VAMOS JOGAR POR QUEM NÃO PODE, POR ESSE POVO AÍ FORA, POR DOUTOR GILBERTO. NÃO VAMOS PERDER EM MINUTOS O QUE CUSTOU ANOS DE LUTA.

A DECISÃO ERA ASSUNTO DE NORTE A SUL DO PAÍS. MARACANÃ LOTADO. COM SERVÍLIO E DIDA NOS LUGARES DE JADYR E PAULINHO, OS RUBRO-NEGROS PISARAM O GRAMADO.

O FLAMENGO PRECISAVA VENCER NOS NOVENTA MINUTOS, OU EMPATAR O JOGO E A PRORROGAÇÃO. ESTARIA O MARACANÃ DIANTE DE SEU PRIMEIRO TRICAMPEÃO?

CHAMORRO, SERVÍLIO, TOMIRES, PAVÃO, DEQUINHA, JORDAN, JOEL, DUCA, EVARISTO, DIDA E ZAGALLO. A RESPOSTA SERIA DADA POR ELES.

FOI A NOITE DE DIDA. COM A CAMISA 10, ELE FEZ OS QUATRO GOLS DA GOLEADA DE 4 X 1 NA JORNADA MAIS MEMORÁVEL DAS MUITAS QUE FARIAM DELE, POR MUITO TEMPO, O MAIOR ARTILHEIRO DO FLAMENGO.

FOI A NOITE DA LOUCURA. ALUCINADA COM O FUTEBOL ARREBATADOR DO TIME E COM A FÚRIA DE DIDA, A TORCIDA DO FLAMENGO FEZ O MARACANÃ VIVER NA NOITE DE 4 DE ABRIL DE 1956 A APOTEOSE QUE LHE FOI NEGADA NA TARDE DE 16 DE JULHO DE 1950.

FOI A NOITE DE FLEITAS SOLICH. A GRANDE ATUAÇÃO DE SEUS TRUNFOS, DIDA E SERVÍLIO, CONSOLIDAVA A SUA FAMA DE *EL BRUJO*, OU DE FEITICEIRO, COMO DIZIA O CARTUNISTA OTELO NAS TIRINHAS DO JORNAL DOS SPORTS.

E FOI A NOITE MAIOR DA REVERÊNCIA A GILBERTO CARDOSO. NA CABINE DA TV TUPI, AO LADO DE JOSÉ MARIA SCASSA QUE CHORAVA SEM PARAR, ARY BARROSO FALOU COM A VOZ EMBARGADA.

DESCANSE EM PAZ, GILBERTO. O SEU FLAMENGO É TRICAMPEÃO...

A FESTA PELO TRICAMPEONATO ACONTECEU NO DIA 15 DE ABRIL. O FLAMENGO RECEBEU NO MARACANÃ O INTER, CAMPEÃO GAÚCHO, EM JOGO PRECEDIDO POR DESFILES DA MANGUEIRA, DA PORTELA E DA CHARANGA.

COM PAULINHO E EVARISTO NA SELEÇÃO, QUEM FOI AO MAIOR DO MUNDO VIU EM CAMPO UMA DUPLA DE ATAQUE QUE SE TORNARIA SINÔNIMO DE BOLAS NA REDE: DIDA E HENRIQUE.

DIDA ABRIU O PLACAR E DEPOIS TOCOU PARA HENRIQUE FAZER O SEGUNDO NA GOLEADA DE 4 X 1. SE DIDA SE TORNARIA O MAIOR ARTILHEIRO DO CLUBE, HENRIQUE, SEU MELHOR PARCEIRO, LOGO SERIA O SEGUNDO NA LISTA.

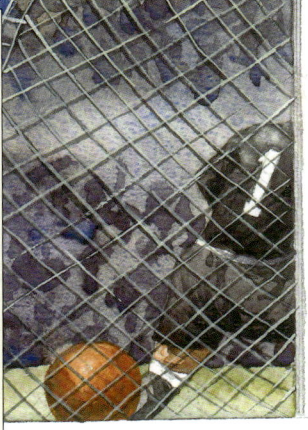

NO DIA 24 DE JUNHO DE 1956, OS TRICAMPEÕES BATERAM O BENFICA NA LUZ POR 2 X 1, CONQUISTANDO A TAÇA LATINA. FOI A TARDE DOS GOLEADORES HISTÓRICOS: EVARISTO E ÍNDIO MARCARAM PARA O FLAMENGO, E JOSÉ ÁGUAS PARA O BENFICA.

EM 27 DE OUTUBRO DE 1956, COM DIDA AFASTADO POR LESÃO NO JOELHO E HENRIQUE AINDA CUMPRINDO ESTÁGIO NOS ASPIRANTES, ÍNDIO MARCOU QUATRO GOLS NA PARTIDA CONTRA O SÃO CRISTÓVÃO.

JOGAVA-SE O SEGUNDO TURNO DO CAMPEONATO CARIOCA. EVARISTO TAMBÉM MARCOU QUATRO, INCLUINDO UM DE LETRA.

LOGO A DUPLA EVARISTO E ÍNDIO SERIA SUBSTITUÍDA POR DIDA E HENRIQUE, MAS NAQUELA TARDE HISTÓRICA, SEUS OITO GOLS AJUDARAM O FLAMENGO A CONSTRUIR A MAIOR GOLEADA JÁ APLICADA NO MARACANÃ: 12 X 2.

"A RIGOR, EU NÃO SABERIA DIZER SE O FLAMENGO JOGOU BEM OU MAL. NEM IMPORTA. O QUE SEI É QUE ELE JOGOU COM A ALMA, O QUE EQUIVALE DIZER: JOGOU COM A CAMISA", ESCREVEU NELSON RODRIGUES, MAIS UM A PERDER A CONTA DOS GOLS NAQUELA TARDE.

EM 1956, JOSÉ TELLES DA CONCEIÇÃO FOI O MAIOR NOME DO TRICAMPEONATO CARIOCA – SÉRIE VITORIOSA QUE SEGUIRIA ATÉ O PENTA EM 1958. NO BASQUETE, O HEXACAMPEONATO CONFIRMOU A HEGEMONIA RUBRO-NEGRA, QUE CHEGARIA A DEZ TÍTULOS EM SEQUÊNCIA.

EM 1957, O FLAMENGO, DE EVARISTO, RECEBEU O LENDÁRIO HONVÉD, DE PUSKAS. OS HÚNGAROS SE RECUSAVAM A VOLTAR A SEU PAÍS, TOMADO PELAS FORÇAS ARMADAS SOVIÉTICAS.

A FIFA RECOMENDOU QUE NINGUÉM ENFRENTASSE OS REBELDES MAGIARES. O FLAMENGO COMPROU A BRIGA E FEZ CINCO JOGOS CONTRA O HONVÉD, A COMEÇAR PELA VITÓRIA POR 6 X 4 NA NOITE DE 19 DE JANEIRO, DIANTE DE QUASE 120 MIL PESSOAS NO MARACANÃ.

DEPOIS, O HONVÉD DEVOLVEU OS 6 X 4 NO PACAEMBU LOTADO E VENCEU POR 3 X 2 NO MARACANÃ. PARA FECHAR, DOIS JOGAÇOS NO ESTÁDIO OLÍMPICO DE CARACAS: 5 X 3 PARA O FLAMENGO NO PRIMEIRO E EMPATE EM 1 X 1 NO SEGUNDO. EVARISTO FOI O MELHOR DA SÉRIE, MARCANDO NOVE GOLS – SEUS ÚLTIMOS PELO FLAMENGO ANTES DE IR PARA O BARCELONA.

A CONTRATAÇÃO DE EVARISTO PELO BARCELONA FOI A MAIOR TRANSAÇÃO FINANCEIRA ENVOLVENDO UM JOGADOR BRASILEIRO ATÉ ENTÃO. E CINCO MESES DEPOIS DE SE APRESENTAR AOS BLAUGRANAS, ELE FOI O ANFITRIÃO DO FLAMENGO NA SÉRIE DE JOGOS QUE INAUGUROU O NOVO E ESPETACULAR ESTÁDIO DO BARÇA.

NO DIA 24 DE SETEMBRO DE 1957, EVARISTO FEZ UM DOS GOLS DA VITÓRIA DO BARCELONA CONTRA UM COMBINADO DE VARSÓVIA. NO DIA SEGUINTE, O FLAMENGO FEZ O SEGUNDO JOGO DO FESTIVAL DE INAUGURAÇÃO DO CAMP NOU, GOLEANDO O BURNLEY POR 4 X 0 – DIDA FEZ O PRIMEIRO, DE CABEÇA.

ZAGALLO FEZ O SEGUNDO, O TERCEIRO FOI CONTRA E HENRIQUE DRIBLOU TODA A DEFESA PARA FAZER O ÚLTIMO, SOB APLAUSOS, COROANDO UMA ATUAÇÃO DE GALA.

NA VOLTA AO BRASIL, DIDA E HENRIQUE FORAM OS PROTAGONISTAS DAS DUAS GOLEADAS DE 4 X 1 CONTRA O VASCO NO CAMPEONATO CARIOCA. O FLAMENGO JÁ NÃO TINHA EVARISTO, E PAULINHO E ÍNDIO HAVIAM SE TRANSFERIDO PARA O FUTEBOL PAULISTA, MAS OS NOVOS 9 E 10 MANTERIAM A FARTURA DE GOLS.

OS JOGOS MAIS EMBLEMÁTICOS DO PROCESSO DE RENOVAÇÃO DO FLAMENGO ACONTECERAM NO COMEÇO DE 1958. EM 31 DE JANEIRO, MOACIR CALOU A BOMBONERA, FAZENDO DOIS GOLS NA VITÓRIA DE 4 X 2 SOBRE O BOCA DE ANTÔNIO RATTÍN. FOI O PRIMEIRO TRIUNFO DE UM TIME BRASILEIRO NO MÍTICO ESTÁDIO.

DEPOIS, NO DIA 9 DE MARÇO, PELO TORNEIO RIO-SÃO PAULO, O SANTOS DE PELÉ RECEBEU NO PACAEMBU O FLAMENGO DE DIDA.

O SANTOS LOGO ABRIU 2 X 0, PEPE E PELÉ, E PARECIA ANUNCIAR UMA GOLEADA. TODAVIA, O FLAMENGO REAGIU E SE IMPÔS, COLETIVA E INDIVIDUALMENTE. NO MEIO, MOACIR GANHOU SEU DUELO COM ZITO.

HENRIQUE DESCONTOU, DIDA EMPATOU E, NO ÚLTIMO LANCE, DUCA CRAVOU A VIRADA, QUE NELSON RODRIGUES IMORTALIZOU COMO A VITÓRIA DA CAMISA: "NÃO CREIO QUE EXISTA, NO FUTEBOL BRASILEIRO, ALGO DE TÃO ATIVO, MILITANTE, IMBATÍVEL, COMO A CAMISA RUBRO-NEGRA".

MAS AQUELE DOMINGO EM SÃO PAULO NÃO FOI RUBRO-NEGRO APENAS NO FUTEBOL. NAS PISTAS DO TIETÊ, O FLAMENGO LEVOU A ETAPA DO TROFÉU BRASIL DE ATLETISMO, COM ULISSES LAURINDO DOS SANTOS ABSOLUTO NOS 400 METROS COM BARREIRAS.

NO DOMINGO, 11 DE MAIO DE 1958, O FLAMENGO FEZ UM AMISTOSO COM A SELEÇÃO BRASILEIRA, DESFALCADO DE SEUS JOGADORES QUE SERVIAM A CBD E QUE IRIAM À SUÉCIA: MOACIR, JOEL, DIDA E ZAGALLO.

NO PRIMEIRO TEMPO, JOGANDO DE AMARELO, A SELEÇÃO PAROU EM UMA MARCAÇÃO SEVERA. GARRINCHA BUSCOU FUGIR DE JORDAN, MAS FOI PARADO POR JADYR.

A MELHOR CHANCE DO ESCRETE FOI EM CABEÇADA À QUEIMA-ROUPA DE PELÉ, QUE O GOLEIRO RUBRO-NEGRO FERNANDO DESVIOU COM A PONTA DOS DEDOS PARA A BOLA ESTOURAR NO TRAVESSÃO.

NO SEGUNDO TEMPO, O BRASIL VOLTOU DE AZUL E LEVOU O ÚNICO GOL DA TARDE LOGO AOS SEIS MINUTOS. O ESTREANTE MANOELZINHO GINGOU DIANTE DE BELLINI E BATEU DE FORA DA ÁREA PARA SUPERAR GILMAR.

E FOI ASSIM QUE O ESTREANTE MANOELZINHO CONSEGUIU O QUE NENHUMA SELEÇÃO EUROPEIA FARIA NOS CAMPOS SUECOS: MARCAR UM GOL QUE DERRUBOU A SELEÇÃO BRASILEIRA QUE ENCANTOU O MUNDO.

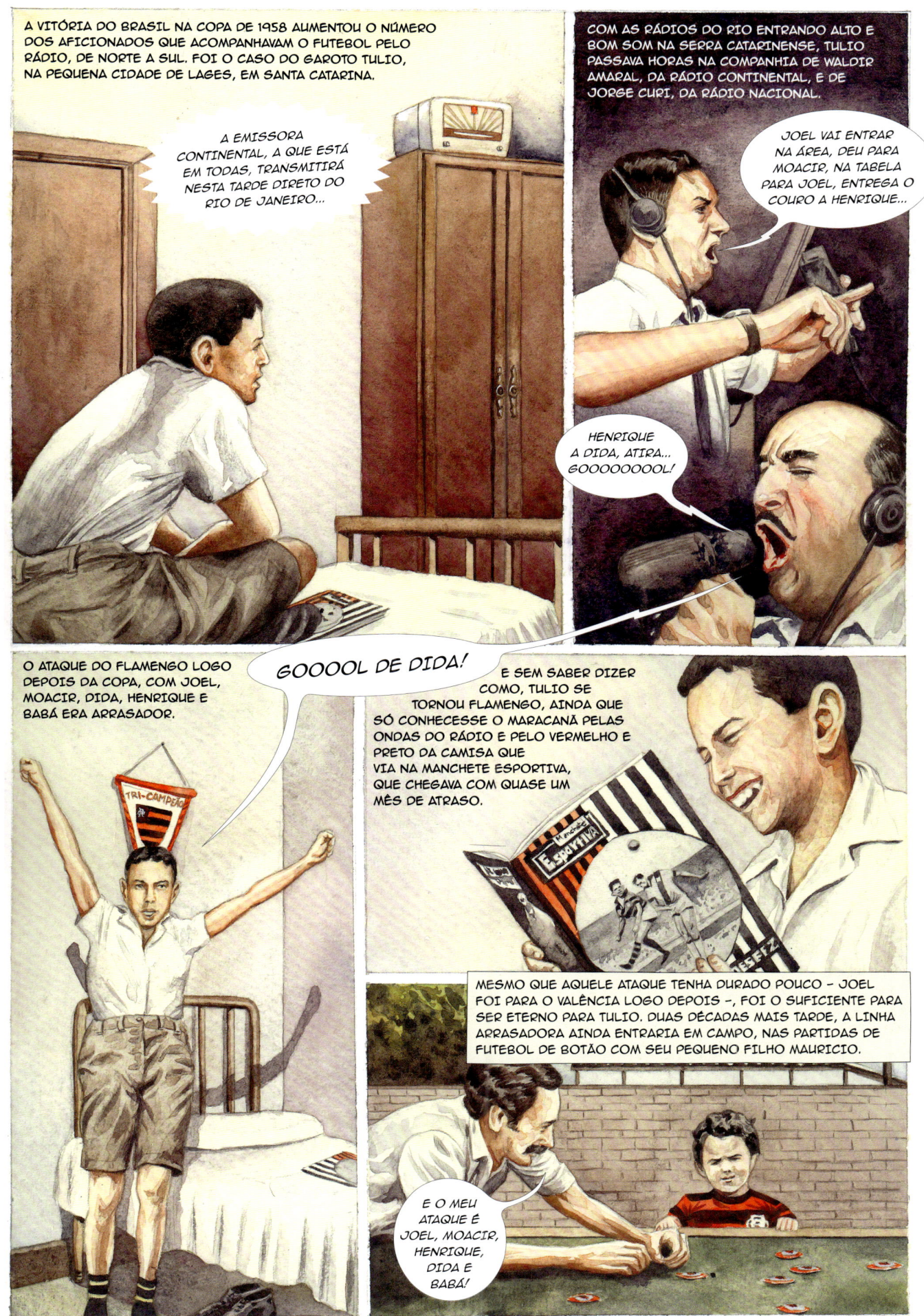

A VITÓRIA DO BRASIL NA COPA DE 1958 AUMENTOU O NÚMERO DOS AFICIONADOS QUE ACOMPANHAVAM O FUTEBOL PELO RÁDIO, DE NORTE A SUL. FOI O CASO DO GAROTO TULIO, NA PEQUENA CIDADE DE LAGES, EM SANTA CATARINA.

"A EMISSORA CONTINENTAL, A QUE ESTÁ EM TODAS, TRANSMITIRÁ NESTA TARDE DIRETO DO RIO DE JANEIRO..."

COM AS RÁDIOS DO RIO ENTRANDO ALTO E BOM SOM NA SERRA CATARINENSE, TULIO PASSAVA HORAS NA COMPANHIA DE WALDIR AMARAL, DA RÁDIO CONTINENTAL, E DE JORGE CURI, DA RÁDIO NACIONAL.

"JOEL VAI ENTRAR NA ÁREA, DEU PARA MOACIR, NA TABELA PARA JOEL, ENTREGA O COURO A HENRIQUE..."

"HENRIQUE A DIDA, ATIRA... GOOOOOOOL!"

O ATAQUE DO FLAMENGO LOGO DEPOIS DA COPA, COM JOEL, MOACIR, DIDA, HENRIQUE E BABÁ ERA ARRASADOR.

"GOOOOL DE DIDA!"

E SEM SABER DIZER COMO, TULIO SE TORNOU FLAMENGO, AINDA QUE SÓ CONHECESSE O MARACANÃ PELAS ONDAS DO RÁDIO E PELO VERMELHO E PRETO DA CAMISA QUE VIA NA MANCHETE ESPORTIVA, QUE CHEGAVA COM QUASE UM MÊS DE ATRASO.

MESMO QUE AQUELE ATAQUE TENHA DURADO POUCO – JOEL FOI PARA O VALÊNCIA LOGO DEPOIS –, FOI O SUFICIENTE PARA SER ETERNO PARA TULIO. DUAS DÉCADAS MAIS TARDE, A LINHA ARRASADORA AINDA ENTRARIA EM CAMPO, NAS PARTIDAS DE FUTEBOL DE BOTÃO COM SEU PEQUENO FILHO MAURICIO.

"E O MEU ATAQUE É JOEL, MOACIR, HENRIQUE, DIDA E BABÁ!"

E FOI PELO RÁDIO QUE OS MILHÕES DE RUBRO-NEGROS VIBRARAM COM A ÚLTIMA GRANDE CONQUISTA DA DÉCADA MAIS GLORIOSA DO CLUBE ATÉ ENTÃO.

A CONTINENTAL JÁ FALA DIRETO DE LIMA. EU, CARLOS MARCONDES, REPORTAREI TODOS OS DETALHES DA PARTICIPAÇÃO DO FLAMENGO NA GRAN SERIES SUDAMERICANA CONTRA OS CAMPEÕES DO CONTINENTE...

DEPOIS DE ESTREAR PERDENDO PARA O PEÑAROL POR 2 X 0, O FLAMENGO NÃO PODIA MAIS TROPEÇAR. NA NOITE DE 25 DE JANEIRO, VEIO A PRIMEIRA VITÓRIA: 2 X 0 NO UNIVERSITARIO, GOLS DE MILTON COPOLILLO E DIDA.

TRÊS DIAS MAIS TARDE, O ADVERSÁRIO FOI O COLO-COLO. DIDA E MOACIR FIZERAM OS DOIS PRIMEIROS GOLS, ABRINDO O CAMINHO PARA UMA VITÓRIA TRANQUILA.

BABÁ, O MELHOR DA CANCHA, FEZ MAIS DOIS E ABRIU 4 X 0 AINDA NO PRIMEIRO TEMPO. O COLO-COLO MARCOU DUAS VEZES NA ETAPA FINAL, MAS SEM AMEAÇAR A SUPERIORIDADE RUBRO-NEGRA.

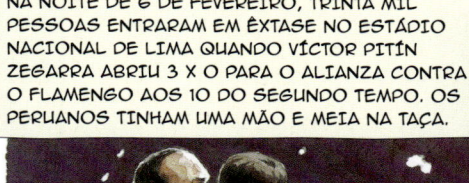

A 3 DE FEVEREIRO, UM DIDA ILUMINADO FEZ DOIS E COMANDOU A GOLEADA DE 4 X 1 SOBRE O RIVER PLATE, MAS SAIU LESIONADO E DESFALCARIA O TIME NA ÚLTIMA E DECISIVA RODADA.

NA NOITE DE 6 DE FEVEREIRO, TRINTA MIL PESSOAS ENTRARAM EM ÊXTASE NO ESTÁDIO NACIONAL DE LIMA QUANDO VÍCTOR PITÍN ZEGARRA ABRIU 3 X 0 PARA O ALIANZA CONTRA O FLAMENGO AOS 10 DO SEGUNDO TEMPO. OS PERUANOS TINHAM UMA MÃO E MEIA NA TAÇA.

PORÉM, LOGO APÓS O RECOMEÇO, MANOELZINHO ENTROU EM ESTADO DE FÚRIA E FEZ TRÊS GOLS EM CINCO MINUTOS. AOS 15, O PLACAR MARCAVA 3 X 3 E A PLATEIA ESTAVA ATÔNITA.

AOS 18 MINUTOS, MANOELZINHO QUASE FEZ SEU QUARTO GOL, MAS O GOLEIRO RODOLFO BAZÁN DEU REBOTE E HENRIQUE ENTROU RÁPIDO PARA FAZER DO FLAMENGO O CAMPEÃO DA GRAN SERIES SUDAMERICANA.

SOLICH, NA MESMA CANCHA ONDE HAVIA SIDO CAMPEÃO SUL-AMERICANO COM O PARAGUAI, FAZIA O CONTINENTE REVERENCIAR O FLAMENGO UM ANO ANTES DA CRIAÇÃO DA TAÇA LIBERTADORES DA AMÉRICA.

OUTRO GRANDE MOMENTO DE 1959 FOI NO VÔLEI MASCULINO. NO DIA 11 DE JUNHO, COMANDADO POR JOHN O'SHEA, O FLAMENGO BATEU O FLUMINENSE POR 3 X 2. O TIME FEMININO, INCLUINDO ROSINHA, ESPOSA DE JOHN, INVADIU A QUADRA PARA COMEMORAR.

EMOCIONADO, JOHN FALOU SOBRE O QUE O MOTIVAVA A CONTINUAR JOGANDO:

"SÃO 12 ANOS DEFENDENDO O FLAMENGO E DIZEM QUE SOU BURRO POR QUE NÃO GANHO NADA. EU GANHO A HONRA DE VESTIR ESSA CAMISA. EU E MINHA ESPOSA. FIZ MINHA FAMÍLIA NO FLAMENGO. ENQUANTO MEU CORPO AGUENTAR, ESTAREI AQUI."

NO FUTEBOL, O FLAMENGO PERDEU FLEITAS SOLICH PARA O REAL MADRID, MAS 1959 AINDA RESERVAVA UM MOMENTO HISTÓRICO. GÉRSON DE OLIVEIRA NUNES, DESTAQUE DO TIME JUVENIL, FAZIA SEU PRIMEIRO JOGO E SEU PRIMEIRO GOL PELO TIME PROFISSIONAL NA VITÓRIA POR 2 X 1 CONTRA O RIVER PLATE NO DIA 22 DE DEZEMBRO.

EM 1960, O FLAMENGO CONTINUOU REINANDO NAS QUADRAS. O BICAMPEONATO DE VÔLEI MASCULINO VEIO COM JOHN O'SHEA LEVANTANDO PARA AS CORTADAS DE FEITOSA, NA VITÓRIA POR 3 X 0 CONTRA O BOTAFOGO, NO DIA 13 DE JUNHO.

NO BASQUETE, A FESTA DE GALA FOI NO DIA 25 DE NOVEMBRO. COM A VITÓRIA POR 63 X 42 FRENTE AO TIJUCA NAS LARANJEIRAS, O FLAMENGO CONQUISTOU O DECACAMPEONATO. WALDIR BOCCARDO E BARONE FORAM OS MAIORES PONTUADORES.

PARA FECHAR O CAMPEONATO DE MODO INVICTO, O FLAMENGO AINDA VENCEU O FLUMINENSE QUATRO DIAS DEPOIS, E ALGODÃO ANUNCIOU QUE ENCERRAVA ALI SUA CARREIRA DE ATLETA.

NO COMEÇO DA DÉCADA, A TORCIDA VIU A AFIRMAÇÃO DE NOVOS CRAQUES, COMO CARLINHOS, O GAROTO QUE HAVIA RECEBIDO AS CHUTEIRAS DE BIGUÁ, E GÉRSON. NO FINAL DE 1960, COM SOLICH DE VOLTA, OS DOIS SE TORNARIAM TITULARES.

PARA ABRIR 1961, O FLAMENGO DISPUTOU O TORNEIO OCTOGONAL SUL-AMERICANO, ENFRENTANDO ADVERSÁRIOS BRASILEIROS, ARGENTINOS E URUGUAIOS. NA PENÚLTIMA RODADA, NO DIA 22 DE JANEIRO, VITÓRIA POR 1 X 0 CONTRA O NACIONAL, EM MONTEVIDÉU, GOL DE BABÁ.

QUATRO DIAS DEPOIS, NO MESMO CENTENÁRIO, O FLAMENGO ENCAROU OS URUGUAIOS DO CERRO, ATÉ ENTÃO LÍDERES DO TORNEIO. GÉRSON MARCOU OS DOIS GOLS DA VITÓRIA POR 2 X 0 E DO NOVO TÍTULO EM GRAMADOS SUL-AMERICANOS.

O DESAFIO SEGUINTE FOI O TORNEIO RIO-SÃO PAULO. O TIME FOI PERFEITO NO QUADRANGULAR FINAL. NO DIA 16 DE ABRIL, O REPATRIADO JOEL ABRIU OS TRABALHOS COM UM GOLAÇO DE BICICLETA NO MARACANÃ CONTRA O PALMEIRAS.

OS PAULISTAS CHEGARAM AO EMPATE, MAS DIDA ENCAMINHOU A VITÓRIA EM LANCE DE OPORTUNISMO.

UM CANHOTAÇO DE GÉRSON, SEM CHANCE PARA VALDIR DE MORAIS, FECHOU A CONTA: FLAMENGO 3 X 1 PALMEIRAS.

NO MEIO DE SEMANA, TRÊS GOLS DE GÉRSON E DOIS DE DIDA – O MAIS BONITO, LEVANDO DE VENCIDA A DEFESA SANTISTA – LIQUIDARAM O CAMPEÃO PAULISTA: 5 X 1 EM PLENO PACAEMBU.

NA ÚLTIMA RODADA, O FLAMENGO RECEBEU O CORINTHIANS. NO SEGUNDO TEMPO, JOEL APROVEITOU UM CRUZAMENTO VINDO DA ESQUERDA E ABRIU O CAMINHO PARA O TÍTULO COM UMA CABEÇADA.

QUINZE MINUTOS DEPOIS, HENRIQUE GANHOU O FUNDO PELA DIREITA E ROLOU PARA DIDA TOCAR DE CHAPA. ERA O GOL DO TÍTULO, MARCADO PELO MAIOR ARTILHEIRO DA HISTÓRIA RUBRO-NEGRA.

ENTRE OS QUE FESTEJAVAM, EM UMA DAS CADEIRAS PERPÉTUAS DE SEU PAI, ESTAVA O PEQUENO ARTHURZICO, QUE JÁ RABISCAVA COM A BOLA NO PÉ NAS PELADAS DE QUINTINO.

GOOOOOOOOOL! GOOOL DO DIDA!

NA FESTA NO GRAMADO ESTAVA O VETERANO GALLO, HERÓI DE 1912, REPRESENTANDO O FLAMENGO MAIS PROFUNDO. SOLICH ERA ACOMPANHADO POR CRIAS SUAS DE DIFERENTES GERAÇÕES: O LATERAL JOUBERT, O ATACANTE DIDA, O MEIA GÉRSON. E COM ZICO NA PLATEIA, O FLAMENGO ESTAVA INTEIRO ALI, PASSADO, PRESENTE E FUTURO.

EM 29 DE SETEMBRO DE 1961, O FLAMENGO CHEGOU AO TRICAMPEONATO CARIOCA DE VÔLEI MASCULINO, SUPERANDO O BOTAFOGO. UM DOS DESTAQUES FOI ZÉ CARLOS, FILHO DO ÁRBITRO MÁRIO VIANNA.

NO ATLETISMO, A POSSE DEFINITIVA DO III TROFÉU BRASIL VEIO NA ETAPA DISPUTADA EM OUTUBRO DE 1961, EM SÃO PAULO. A GAÚCHA ÉRICA LOPES VOOU BAIXO NOS 100 METROS RASOS E DEU INÍCIO À SUA FABULOSA TRAJETÓRIA RUBRO-NEGRA.

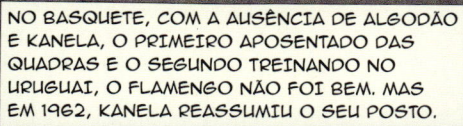

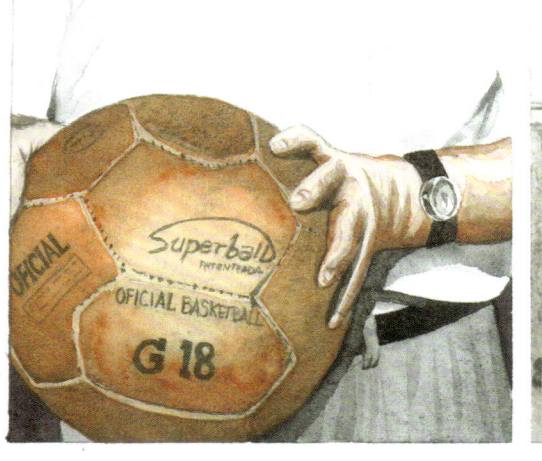

NO BASQUETE, COM A AUSÊNCIA DE ALGODÃO E KANELA, O PRIMEIRO APOSENTADO DAS QUADRAS E O SEGUNDO TREINANDO NO URUGUAI, O FLAMENGO NÃO FOI BEM. MAS EM 1962, KANELA REASSUMIU O SEU POSTO.

ATENDENDO A PEDIDO DE KANELA, ALGODÃO VOLTOU ÀS QUADRAS. COM A DUPLA DO DECACAMPEONATO, O FLAMENGO CONQUISTOU O TÍTULO DE 1962 DE MODO INVICTO.

MAS NÃO FOI SÓ NO BASQUETE QUE VELHOS CONHECIDOS VOLTARAM AO CLUBE. NO FUTEBOL, EM UMA DECISÃO POLÊMICA, O ENTÃO PRESIDENTE FADEL FADEL SUBSTITUIU FLEITAS SOLICH POR FLAVIO COSTA.

A MAIOR FAÇANHA RUBRO-NEGRA EM 1962 FOI LONGE DOS GRAMADOS. A PRIMEIRA ETAPA DO IV TROFÉU BRASIL DE ATLETISMO SERIA DISPUTADA EM SÃO PAULO, NOS DIAS 23 E 24 DE ABRIL. NA VÉSPERA DA VIAGEM, A VELOCISTA ÉRICA LOPES RECEBEU A NOTÍCIA DE QUE SUA IRMÃ HAVIA FALECIDO EM PORTO ALEGRE. SUA FAMÍLIA A ESPERAVA NO SUL.

NO ENTANTO, ÉRICA DECIDIU QUE A MELHOR MANEIRA DE HOMENAGEAR A IRMÃ ERA DEFENDENDO O TÍTULO QUE ELA MESMO HAVIA AJUDADO A CONQUISTAR NO ANO ANTERIOR.

ÉRICA FOI ABSOLUTA NOS 100 E NOS 200 METROS RASOS, VENCENDO AS PROVAS COM FACILIDADE.

MAS FOI NO REVEZAMENTO 4X100 QUE ÉRICA FEZ A PLATEIA NO CLUBE TIETÊ VIR ABAIXO. ELA FECHAVA A PROVA PELO FLAMENGO, E RECEBEU O BASTÃO EM TERCEIRO LUGAR.

EM SUA ARRANCADA, A GAZELA NEGRA DEIXOU AS ATLETAS DO SÃO PAULO E DO FLUMINENSE PARA TRÁS E CRUZOU EM PRIMEIRO, ÀS LÁGRIMAS. UM TRIUNFO ÉPICO, POR ELA, PELA IRMÃ E PELO FLAMENGO.

NO DIA 17 DE FEVEREIRO DE 1963, O FLAMENGO BATEU O SÃO PAULO POR 2 X O PELO TORNEIO RIO-SÃO PAULO, DOIS GOLS DE DIDA. O PRIMEIRO FOI ANTOLÓGICO: O CAMISA 10 RECEBEU PASSE DA DIREITA E MARCOU DE CALCANHAR.

O MARACANÃ VEIO ABAIXO. O QUE NINGUÉM PODERIA IMAGINAR É QUE AQUELA SERIA UMA DAS ÚLTIMAS COMEMORAÇÕES DE DIDA COM A MASSA RUBRO-NEGRA.

DURANTE O CAMPEONATO ESTADUAL, FLAVIO COSTA ENTRARIA EM ATRITO COM GÉRSON E DIDA, E AFASTARIA OS DOIS CRAQUES DO TIME, APOIADO POR FADEL FADEL. NA BUSCA POR UM TÍTULO QUE NÃO CONQUISTAVA DESDE 1955, O FLAMENGO SE VIA SEM OS DOIS JOGADORES MAIS AMADOS PELA TORCIDA.

E EU EXIJO DISCIPLINA, O COMANDO É MEU, A RESPONSABILIDADE É MINHA E AS ORDENS SERÃO CUMPRIDAS.

TRÊS FIGURAS FORAM FUNDAMENTAIS PARA BLINDAR O TIME DA TURBULÊNCIA. O VICE-PRESIDENTE GUNNAR GÖRANSSON E DOIS HOMENS DA EXTREMA CONFIANÇA DE FLAVIO COSTA: CANEGAL, AUXILIAR DIRETO DO TREINADOR, E VALIDO, HERÓI DE 1944, TORNADO DIRETOR DE FUTEBOL POR FADEL FADEL.

SE HAVIA TURBULÊNCIA EM TERRA, NO MAR REINAVA A CALMARIA. TREINADO POR SEU EX-REMADOR GUILHERME AUGUSTO DO EIRADO SILVA, O BUCK, O FLAMENGO DOMINAVA O CAMPEONATO REGATA APÓS REGATA.

NO MEIO DA TEMPORADA, BUCK RECEBEU UMA PROPOSTA MILIONÁRIA DO UNIÃO, DE PORTO ALEGRE, QUE O TORNARIA O TREINADOR MAIS BEM PAGO DA AMÉRICA DO SUL. BUCK NÃO QUIS CONVERSA.

"DINHEIRO NÃO É TUDO NA VIDA. TEMOS UMA GRANDE VANTAGEM SOBRE OS DEMAIS E NÃO VOU ABANDONAR MEU TIME. DEVEMOS ESSE TÍTULO AO FLAMENGO E SÓ COM O OBJETIVO ATINGIDO É QUE DESCANSAREI A CABEÇA NO TRAVESSEIRO."

BUCK SENTIA-SE COMPROMISSADO TAMBÉM COM RUDOLF KELLER E COM GILBERTO CARDOSO, RESPONSÁVEIS POR SUA IDA PARA O CLUBE QUANDO AINDA ERA ATLETA. EMBORA TENHA VENCIDO VÁRIAS PROVAS COMO REMADOR, FALTAVA A BUCK DAR AO FLAMENGO UM CAMPEONATO.

NA MANHÃ DE 27 DE OUTUBRO, NA LAGOA RODRIGO DE FREITAS, COM DESTAQUE PARA O QUATRO SEM PATRÃO, FORMADO POR PAVÃO, HARRY KLEIN, SERGINHO E BELGA, O FLAMENGO CONQUISTOU POR ANTECIPAÇÃO O TÍTULO QUE NÃO ERA SEU HAVIA VINTE ANOS.

FINALMENTE BUCK PODIA DESCANSAR A CABEÇA NO TRAVESSEIRO, ASSIM COMO O PRESIDENTE FADEL FADEL, QUE HAVIA BUSCADO O REMADOR EDGARD GYSEN, O BELGA, EM PORTO ALEGRE

NO FUTEBOL, O FLAMENGO JÁ VINHA DE VENCER BONSUCESSO E AMERICA, MAS O JOGO QUE O CREDENCIOU A POSTULAR O TÍTULO FOI NO DIA DO SEU ANIVERSÁRIO DE 68 ANOS. O DIA DE AIRTON BAPTISTA DOS SANTOS, 21 ANOS, O SUCESSOR DE HENRIQUE.

DEPOIS DE ESTAR PERDENDO PARA O VASCO POR 2 X 0 E 3 X 2, OS RUBRO-NEGROS HAVIAM CHEGADO AO EMPATE EM 3 X 3. MAS ERA PRECISO VENCER. QUANDO FALTAVAM 15 MINUTOS, AIRTON RECEBEU PELA DIREITA, ERGUEU DE CALCANHAR E EMENDOU DE VOLEIO.

VIOLENTAMENTE, O ARREMATE IRROMPEU PELO ÂNGULO DIREITO DA META CRUZMALTINA. UM GOL CINEMATOGRÁFICO DE AIRTON, O SEU TERCEIRO NAQUELA TARDE, O GOL QUE BOTOU O FLAMENGO NA BRIGA PELO TÍTULO.

NO DIA 24 DE NOVEMBRO, DIANTE DE QUASE 100 MIL PESSOAS, A VÍTIMA FOI O LÍDER BANGU: 3 X 1. JOSÉ ARMANDO UFARTE VENTOSO, O ESPANHOL, MARCOU O SEGUNDO GANHANDO NO ALTO DO GOLEIRO UBIRAJARA MOTA E CABECEANDO DE COSTAS PARA O GOL.

A VITÓRIA POR 2 X 1 CONTRA O SÃO CRISTÓVÃO NO SÁBADO, 30 DE NOVEMBRO, COMEÇOU COM O GOL ESPETACULAR DE ESPANHOL, MERGULHANDO PARA FAZER DE CABEÇA APÓS CRUZAMENTO VINDO DA ESQUERDA.

NA PENÚLTIMA RODADA, ENQUANTO O FLUMINENSE FEZ 3 X 1 NO BANGU, OS RUBRO-NEGROS VENCERAM O OLARIA NA BARIRI POR 2 X 1, GOLS DE CARLINHOS E NELSINHO, E TOMARAM A LIDERANÇA DO CAMPEONATO.

APÓS SEIS VITÓRIAS CONSECUTIVAS, OS RUBRO-NEGROS CHEGARAM À ÚLTIMA RODADA PRECISANDO EMPATAR PARA SOLTAR O GRITO DE CAMPEÃO. 15 DE DEZEMBRO DE 1963. FRENTE A FRENTE, O FLA DE FLAVIO COSTA CONTRA O FLU DE... FLEITAS SOLICH.

OS REGISTROS OFICIAIS APONTAM UM PÚBLICO DE 194.603 PESSOAS. A REVISTA MANCHETE E ALGUNS JORNAIS AFIRMARAM QUE A PLATEIA REAL PASSOU DE 210 MIL TORCEDORES. NÃO CABIA MAIS NINGUÉM NO MARACANÃ.

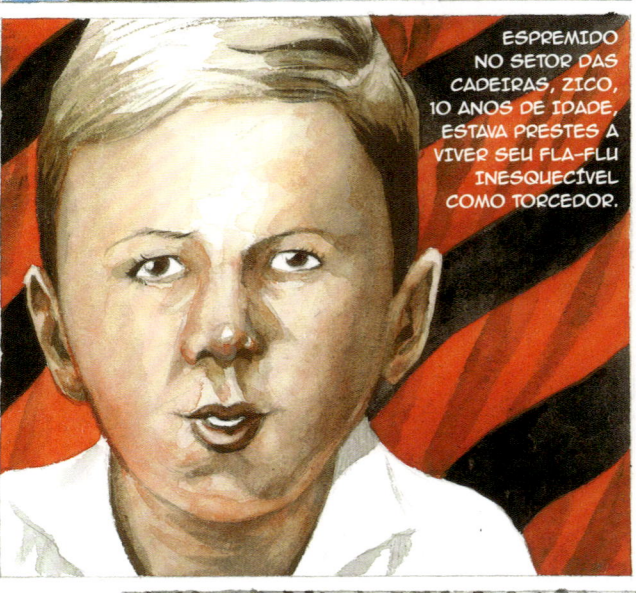

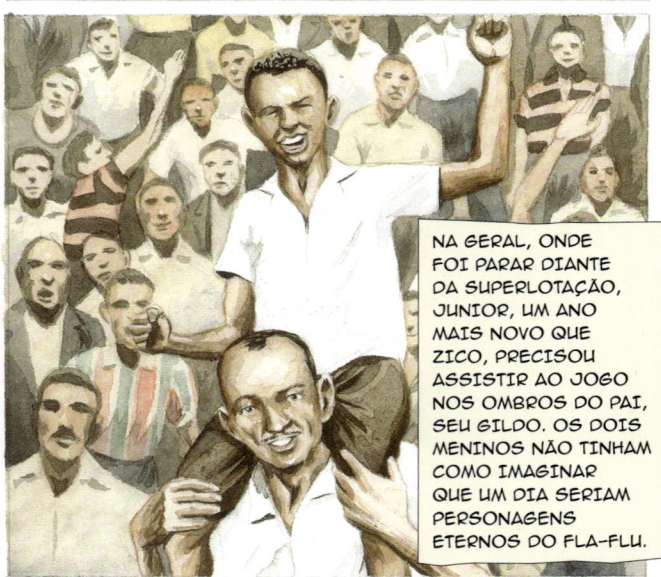

ESPREMIDO NO SETOR DAS CADEIRAS, ZICO, 10 ANOS DE IDADE, ESTAVA PRESTES A VIVER SEU FLA-FLU INESQUECÍVEL COMO TORCEDOR.

NA GERAL, ONDE FOI PARAR DIANTE DA SUPERLOTAÇÃO, JUNIOR, UM ANO MAIS NOVO QUE ZICO, PRECISOU ASSISTIR AO JOGO NOS OMBROS DO PAI, SEU GILDO. OS DOIS MENINOS NÃO TINHAM COMO IMAGINAR QUE UM DIA SERIAM PERSONAGENS ETERNOS DO FLA-FLU.

NAQUELE SÁBADO, MUITO ANTES DE ZICO E JUNIOR SE TORNAREM AMIGOS E O MELHOR COMPLEMENTO UM DO OUTRO NOS GRAMADOS, O FLAMENGO POSOU PARA A FOTO COM O MASSAGISTA LUIZ LUZ E MURILO, MARCIAL, ANANIAS, LUÍS CARLOS, CARLINHOS, PAULO HENRIQUE, ESPANHOL, NELSINHO, AIRTON, GERALDO E OSWALDO PONTE AÉREA.

O JOGO FOI DISPUTADO PALMO A PALMO. NO MOMENTO MAIS DRAMÁTICO, ESCURINHO ENTROU LIVRE E TENTOU ENCOBRIR MARCIAL, QUE DEU UM PASSO PARA TRÁS E DEFENDEU COM FACILIDADE.

OS TRICOLORES ENGOLIRAM O GRITO. MARCIAL ERGUEU A BOLA COMO UM TROFÉU NA DIREÇÃO DA MASSA RUBRO-NEGRA, MAIORIA NO MARACANÃ. O JOGO ACABARIA POUCO DEPOIS, SEM GOLS, EM NOVA INTERVENÇÃO DE MARCIAL.

¡CAMPEÓN! ¡SOMOS CAMPEONES OTRA VEZ!

NO APITO FINAL, VALIDO INVADIU O GRAMADO AOS GRITOS, QUASE VINTE ANOS DEPOIS DO HISTÓRICO GOL DO TRICAMPEONATO.

JÁ FLAVIO COSTA MIROU AS MILHARES DE BANDEIRAS TREMULANDO NA ARQUIBANCADA E SENTIU A VOZ FALTAR. ENTÃO OLHOU PARA O CAMPO E BALBUCIOU A ÚNICA PALAVRA CAPAZ DE EXPRIMIR SUA EMOÇÃO.

FLA... FLAMENGO!

A EMOÇÃO DE FLAVIO TAMBÉM SE VIA EM CARLINHOS E PAULO HENRIQUE, ESTE EM SEU PRIMEIRO ANO DE TITULAR.

MURILO, UM SÍMBOLO DA RAÇA DO TIME, ERGUEU OS BRAÇOS PARA O CÉU E FOI ABRAÇADO POR VALIDO.

A IMAGEM MAIS REPRODUZIDA EM JORNAIS E REVISTAS SERIA A DE ESPANHOL SENDO CARREGADO NOS OMBROS POR TORCEDORES. SEUS DRIBLES, ARRANCADAS E GOLS HAVIAM SIDO DECISIVOS NA ARRANCADA FINAL.

SOMOS CAMPEÕES DE TERRA E MAR, MEU PRESIDENTE...

DEPOIS DE PERCORRER AS COMEMORAÇÕES, UM POUCO ANTES DA MEIA-NOITE FADEL FADEL FOI ATÉ A ESTÁTUA DE BRONZE DE GILBERTO CARDOSO, INSTALADA NA GÁVEA DOIS ANOS ANTES. ÀS LÁGRIMAS, ELE COLOCOU UMA BANDEIRA NAS MÃOS DA ESCULTURA E FEZ A ÚLTIMA HOMENAGEM DO DOMINGO.

EM 1964, O FLAMENGO GANHOU O TROFEO NARANJA, BATENDO O VALENCIA EM PLENO MESTALLA POR 3 X 1. ESPANHOL FEZ O GOL DO TÍTULO, QUE TAMBÉM SERIA O SEU ÚLTIMO PELO CLUBE, ANTES DE SEGUIR PARA O ATLÉTICO DE MADRID.

EM UMA ETAPA DO IV TROFÉU BRASIL, DISPUTADA EM AGOSTO, EM SÃO CAETANO DO SUL, O FLAMENGO CELEBROU AS ESPERADAS VITÓRIAS DE JOSÉ TELLES DA CONCEIÇÃO E ÉRICA LOPES, MAS A MAIOR PONTUAÇÃO INDIVIDUAL VEIO COM MARIA DE LOURDES CONCEIÇÃO, NOS ARREMESSOS DE PESO E DISCO.

NO BASQUETE, KANELA FOI SUSPENSO PELA FEDERAÇÃO, POR QUEM SE JULGAVA PERSEGUIDO. PORÉM, COMO PARTICIPAVA DE UM PROGRAMA ESPORTIVO NA RÁDIO GUANABARA, O TREINADOR SE CREDENCIOU PARA A DECISÃO CONTRA O VASCO COMO RADIALISTA. DA ARQUIBANCADA, COMANDOU O TIME PELO TRANSMISSOR.

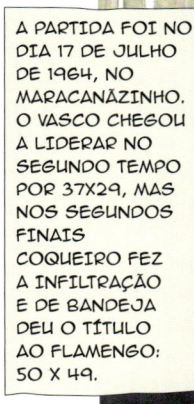

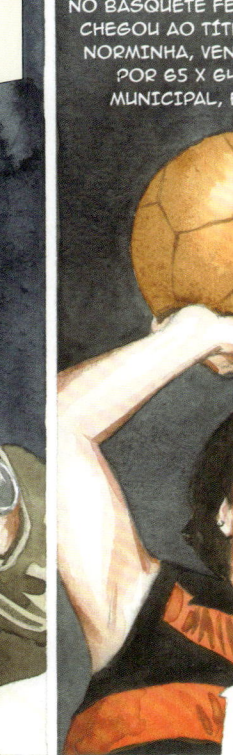

A PARTIDA FOI NO DIA 17 DE JULHO DE 1964, NO MARACANÃZINHO. O VASCO CHEGOU A LIDERAR NO SEGUNDO TEMPO POR 37X29, MAS NOS SEGUNDOS FINAIS COQUEIRO FEZ A INFILTRAÇÃO E DE BANDEJA DEU O TÍTULO AO FLAMENGO: 50 X 49.

NO BASQUETE FEMININO, O FLAMENGO CHEGOU AO TÍTULO CONDUZIDO POR NORMINHA, VENCENDO O BOTAFOGO POR 65 X 64 NO GINÁSIO DO MUNICIPAL, EM 9 DE OUTUBRO.

ANGELINA BIZARRO, CESTINHA DO CAMPEONATO, FOI QUEM CORTOU A REDE ONDE CAIU A BOLA DECISIVA, ARREMESSADA POR ELA. FOI O PRIMEIRO TÍTULO DO MELHOR TIME DE BASQUETE FEMININO DA HISTÓRIA DO FLAMENGO

NA CONQUISTA DO BICAMPEONATO CARIOCA DE BASQUETE FEMININO, O FLAMENGO FOI CONDUZIDO PELO TALENTO E PELA CLASSE DE DELCY MARQUES, QUE MARCOU 25 PONTOS NA VITÓRIA DECISIVA CONTRA O BOTAFOGO POR 76 X 62, NO DIA 5 DE JUNHO DE 1965, NO MUNICIPAL.

A JOGADORA MAIS IDENTIFICADA COM A TORCIDA ERA NORMINHA, QUE VOAVA EM BUSCA DE BOLAS QUE PARECIAM PERDIDAS. UM SÍMBOLO DE RAÇA DAQUELE FLAMENGO BICAMPEÃO.

OUTRA MULHER A LEVAR O NOME DO FLAMENGO AO LUGAR MAIS ALTO DO PÓDIO EM 1965 FOI A GIGANTE MARIA DE LOURDES CONCEIÇÃO. EM SETEMBRO, A SEXTA ETAPA DO IV TROFÉU BRASIL FEZ PARTE DA INAUGURAÇÃO DO MINEIRÃO, E A ESTRELA RUBRO-NEGRA DOS ARREMESSOS BRILHOU.

TANTO NO PESO QUANTO NO DISCO, MARIA DE LOURDES VENCEU COM GRANDE VANTAGEM E DEU AO FLAMENGO A POSSE DEFINITIVA DO IV TROFÉU BRASIL, TORNANDO O CLUBE O PRIMEIRO CAMPEÃO DO MINEIRÃO.

NO FUTEBOL, O ANO FOI MARCADO PELA CHEGADA DE UMA DUPLA QUE DEIXARIA A ALMA EM CAMPO PELO FLAMENGO: ALMIR, O PERNAMBUQUINHO; E SILVA, O BATUTA.

PARA TER SILVA, O FLAMENGO FEZ UMA TROCA COM O CORINTHIANS, PARA ONDE SEGUIU AIRTON. E FOI COMO SE ELE, O BATUTA, HOUVESSE NASCIDO PARA VESTIR A 10 RUBRO-NEGRA.

FOI GRAÇAS A UM CHUTE SEU DE 30 METROS QUE O FLAMENGO VENCEU O VASCO POR 1 X 0 NO DIA 28 DE NOVEMBRO E ARRANCOU PARA O TÍTULO DE 1965. UMA SEMANA DEPOIS, ELE TAMBÉM MARCOU O ÚNICO GOL DA VITÓRIA CONTRA O BONSUCESSO.

NO FLA-FLU DA PENÚLTIMA RODADA, EM 12 DE DEZEMBRO, O JOGO ESTAVA EMPATADO EM 1 X 1 QUANDO SILVA RECEBEU DE COSTAS PARA O GOL, MATOU NO PEITO E BATEU DE VIRADA PARA FAZER UM GOLAÇO.

O TRIUNFO NO FUTEBOL SE SOMOU À CONQUISTA NO REMO PARA FAZER O FLAMENGO CAMPEÃO DE TERRA E MAR DE 1965. NA PENÚLTIMA REGATA, NO DIA 10 DE OUTUBRO, OS RUBRO-NEGROS RATIFICARAM SEU AMPLO DOMÍNIO NA LAGOA RODRIGO DE FREITAS, INICIANDO UMA SÉRIE QUE SÓ TERMINARIA COM O PENTACAMPEONATO EM 1969.

A VITÓRIA POR 2 X 1 CONTRA OS TRICOLORES ACABARIA VALENDO O TÍTULO, GRAÇAS AO TROPEÇO DO BANGU NA ABERTURA DA ÚLTIMA RODADA. AS ARRANCADAS E OS PETARDOS DE SILVA FIZERAM DO FLAMENGO O CAMPEÃO DO IV CENTENÁRIO DO RIO DE JANEIRO.

O BASQUETE FEMININO RUBRO-NEGRO, JÁ UMA REFERÊNCIA NACIONAL, CONQUISTOU DOIS TORNEIOS EXPRESSIVOS NO PERU EM MARÇO E ABRIL DE 1966, SUPERANDO ADVERSÁRIOS COMO COLO-COLO, OLIMPIA E BOCA JUNIORS, COM ATUAÇÕES PERFEITAS DE MARLENE.

A EQUIPE CONQUISTOU TAMBÉM O TORNEIO DAS ESTRELAS DISPUTADO EM PIRACICABA, PASSANDO POR FORÇAS DO BASQUETE FEMININO PAULISTA E AINDA PELO BOTAFOGO. NA FINAL, DIA 17 DE JULHO, 77 X 67 CONTRA O PIRELLI DE SANTO ANDRÉ, PARA A VIBRAÇÃO DE NORMINHA.

NO DIA 30 DE OUTUBRO, O FLAMENGO IA PERDENDO PARA O BANGU POR 1 X 0, SOB TEMPESTADE. JÁ NA RETA FINAL, SILVA EMPATOU, MAS FOI EXPULSO LOGO DEPOIS. QUASE NO FINAL, ALMIR ACERTOU UM PEIXINHO FULMINANTE QUE PARECIA GOL CERTO.

PORÉM, UBIRAJARA MOTA DEFENDEU E A BOLA PAROU NA LAMA, SOBRE A LINHA, COM ALMIR CAÍDO. O LANCE PARECIA MAIS PARA O GOLEIRO, MAS ALMIR SE ARRASTOU E METEU A CARA NO BARRO PARA FAZER O GOL.

QUEM ESTAVA NO MARACANÃ, LEMBRA DO ESTADO DE DELÍRIO QUE TOMOU CONTA DA ARQUIBANCADA. COM UM A MENOS, NA CARA E NA CORAGEM, UM GOL DO FLAMENGO EM ESTADO BRUTO.

APENAS DOIS DIAS DEPOIS, OUTRO GOL ETERNO. NA NOITE DE 1º DE NOVEMBRO DE 1966, A ARGENTINA VENCIA O FLAMENGO POR 1 X 0 EM AVELLANEDA, MAS SILVA CALOU O ESTÁDIO DO INDEPENDIENTE COM UM MERGULHO ESPETACULAR E DEFINIU O MARCADOR.

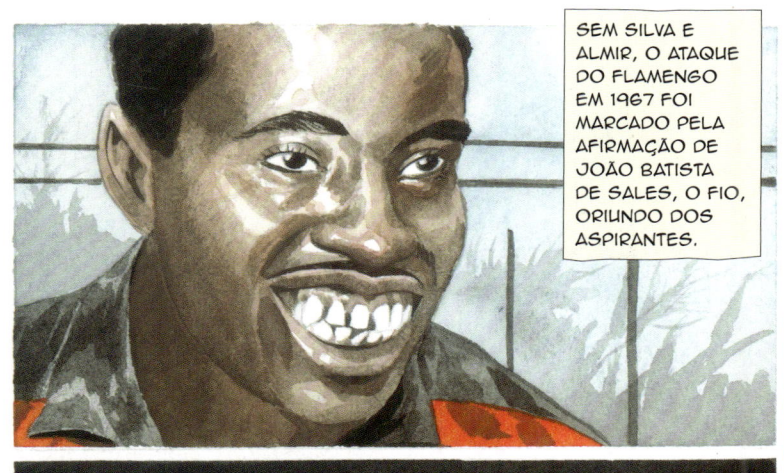

SEM SILVA E ALMIR, O ATAQUE DO FLAMENGO EM 1967 FOI MARCADO PELA AFIRMAÇÃO DE JOÃO BATISTA DE SALES, O FIO, ORIUNDO DOS ASPIRANTES.

TAMBÉM FOI O ANO EM QUE O EXÍMIO CABECEADOR DIONÍSIO MARCOU 27 GOLS EM 22 JOGOS NA CONQUISTA DO CAMPEONATO DE JUVENIS, E SUBIU PARA O TIME PRINCIPAL. TEMPOS DE POUCO DINHEIRO E MUITA RAÇA.

RAÇA QUE TAMBÉM NÃO FALTAVA PARA AS MENINAS DO BASQUETE. EM SETEMBRO DE 1967, ELAS VOLTARAM A CONQUISTAR O TORNEIO DAS ESTRELAS, EM PIRACICABA, SUPERANDO O SPARTA, DE PRAGA.

FOI A ÚLTIMA CONQUISTA DO MAIOR TIME DE BASQUETE FEMININO DO FLAMENGO, QUE ETERNIZOU EM VERMELHO E PRETO OS NOMES DE NORMINHA, ANGELINA, MARLENE, DELCY, AMELINHA, DIDI, ÁTILA, REGINA, IVANIRA, MIRTES, CÉLIA, ENI, NADIR, DORANITA E MARIA HELENA.

NO MESMO MÊS, POR INFLUÊNCIA DO RADIALISTA CELSO GARCIA, QUE O VIRA JOGANDO FUTEBOL DE SALÃO EM QUINTINO, E COM O APOIO DO DIRETOR GEORGE HELAL, CHEGOU AO FLAMENGO UM GAROTO FRANZINO COM NOME DE REI: ARTHUR.

NO COMEÇO DE 1968, DEPOIS DE TREINAR ATÉ EM CATEGORIAS ACIMA DA SUA IDADE, O PEQUENO ARTHUR – OU ZICO, COMO JÁ ERA CHAMADO – FOI INCORPORADO AO TIME DA ESCOLINHA, PARA GAROTOS NASCIDOS A PARTIR DE 1953.

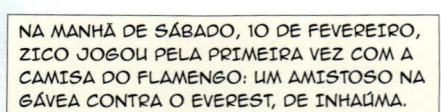

NA MANHÃ DE SÁBADO, 10 DE FEVEREIRO, ZICO JOGOU PELA PRIMEIRA VEZ COM A CAMISA DO FLAMENGO: UM AMISTOSO NA GÁVEA CONTRA O EVEREST, DE INHAÚMA.

LOGO NO COMEÇO, ZICO FOI LANÇADO PELO ZAGUEIRO DIAS, INVADIU PELA DIREITA E TOCOU NA SAÍDA DO GOLEIRO PARA MARCAR SEU PRIMEIRO GOL RUBRO-NEGRO.

APÓS O JOGO, ZICO PROCUROU POR SEU IRMÃO ANTUNES, O ZECA, QUE ASSIM COMO OUTRO DE SEUS IRMÃOS, EDU, ERA PROFISSIONAL NO AMERICA. O RECADO FOI PROFÉTICO:

"GAROTO, VOCÊ CHEGOU, JÁ VIU E VAI VENCER."

NA ETAPA FINAL, DE PÊNALTI, ZICO BALANÇOU A REDE OUTRA VEZ. O FLAMENGO VENCEU POR 4 X 3 E O GAROTO LOURINHO E MIRRADO HAVIA SIDO O MELHOR EM CAMPO.

COM O TIME PRINCIPAL, O FLAMENGO VIVEU SEUS MELHORES MOMENTOS DE 1968 NO EXTERIOR, COMO NO DIA 21 DE AGOSTO, EM BARCELONA, NO TORNEIO JOAN GAMPER. SILVA, DE VOLTA DO CLUBE, LEVANTOU O CAMP NOU AO BALANÇAR A REDE DO ATHLETIC BILBAO COM UMA BICICLETA MAGNÍFICA.

NA NOITE DE 27 DE AGOSTO, EM PORTUGAL, O FLAMENGO CONQUISTOU O TROFÉU RESTELO AO BATER, DE VIRADA, O BELENENSES POR 3 X 2. LIMINHA FEZ O GOL DECISIVO A UM MINUTO DO FIM.

DE PORTUGAL O FLAMENGO FOI AO MARROCOS, DISPUTAR A COUPE MOHAMMED V. DEPOIS DE DERROTAR OS MARROQUINOS DO REAL FORÇA AÉREA, ERA CHEGADA A HORA DA GRANDE FINAL CONTRA OS ARGENTINOS DO RACING, DE SALOMONE, ENTÃO CAMPEÃO MUNDIAL DE CLUBES.

CASABLANCA, 1º DE SETEMBRO DE 1968. O FLAMENGO SAIU PERDENDO, MAS EM UMA EXIBIÇÃO DE PURA VALENTIA, DERRUBOU O FAVORITO RACING POR 3 X 2, COM SILVA FUZILANDO CEJAS NO TENTO DECISIVO.

JÁ ERA NOITE NO STADE D'HONNEUR QUANDO O REI HASSAN II DE MARROCOS ENTREGOU A RIQUÍSSIMA COUPE MOHAMMED V A PAULO HENRIQUE. O FLAMENGO, NO PEITO E NA RAÇA, FICOU COM OS APLAUSOS E COM A GLÓRIA QUE ESTAVAM RESERVADOS AO RACING EM CASABLANCA. YOU MUST REMEMBER THIS...

NA MANHÃ DE SÁBADO, 21 DE SETEMBRO DE 1968, A GÁVEA RECEBEU UMA VISITA ILUSTRE. AFASTADO DO CORINTHIANS, MANÉ GARRINCHA APARECEU NO FLAMENGO PEDINDO PARA TREINAR A FIM DE MANTER A FORMA. DOIS MESES DEPOIS, FOI CONTRATADO.

A RECUPERAÇÃO DE GARRINCHA ACONTECEU GRAÇAS AO TRABALHO DO PREPARADOR FÍSICO JOSÉ ROBERTO FRANCALACCI, QUE TAMBÉM SUBMETIA ZICO A UM PROGRAMA DE CRESCIMENTO E AUMENTO DE MASSA MUSCULAR.

GARRINCHA CHEGOU A JOGAR NO FINAL DA TEMPORADA, MAS SEU MELHOR MOMENTO NO FLAMENGO FOI NO PRIMEIRO JOGO DE 1969: UM AMISTOSO DE COMEÇO DE TEMPORADA CONTRA O AMERICA, EM CAIO MARTINS.

COM A CAMISA 17, MANÉ ENTROU NO JOGO NA ETAPA FINAL. O AMERICA VENCIA POR 2 X 1, QUANDO GARRINCHA DRIBLOU ZÉ CARLOS E FOI DERRUBADO NA MEIA-DIREITA.

GARRINCHA, QUE JÁ HAVIA CHUTADO UMA BOLA NA TRAVE, REPETIU A COBRANÇA DE TRIVELA QUE HAVIA EXECUTADO NA COPA DE 1966 CONTRA A BULGÁRIA. BOLA NO ÂNGULO DE ROSAN, INDEFENSÁVEL.

O JOGO ACABOU ALI MESMO. A TORCIDA INVADIU O GRAMADO E CARREGOU O ANJO DAS PERNAS TORTAS NOS OMBROS. A TRAJETÓRIA DO JOGADOR NO CLUBE SERIA CURTA, MAS NO FINAL DAQUELA TARDE DE 19 DE JANEIRO DE 1969, MANÉ GARRINCHA ESTAVA FELIZ POR TER REALIZADO O SONHO DE JOGAR NO SEU TIME DE CORAÇÃO.

A 7 QUE SERIA DE GARRINCHA ACABOU VESTINDO NARCISO HORACIO DOVAL. NO DIA 11 DE MAIO DE 1969, ELE COMANDOU O TIME NOS 3 X 0 SOBRE O VASCO, FECHANDO O PLACAR COM UM GOL QUE ENLOUQUECEU A TORCIDA.

O ARGENTINO TAMBÉM SERIA PROTAGONISTA EM OUTRO CLÁSSICO HISTÓRICO. NO DIA 1º DE JUNHO, DIANTE DE 150 MIL PESSOAS, DOVAL E COMPANHIA PISARAM O MARACANÃ PARA ENCARAR O FAVORITO BOTAFOGO.

NESTE MOMENTO, DO LADO DO FLAMENGO, ALGUNS TORCEDORES SOLTARAM DO ALTO DA ARQUIBANCADA UM URUBU QUE HAVIAM LEVADO EM SEGREDO. COM UMA BANDEIROLA ATADA A UMA GARRA, A AVE SOBREVOOU AS CADEIRAS E DESCEU NO GRAMADO, COM A MASSA BERRANDO EM ÊXTASE:
– É URUBU! É URUBU!

DOVAL E ARÍLSON MARCARAM OS GOLS DA VITÓRIA POR 2 X 1, COMPLETANDO A FESTA NO DIA EM QUE A TORCIDA DO FLAMENGO IRONIZOU O PRECONCEITO DOS ADVERSÁRIOS, QUE PENSAVAM OFENDER OS RUBRO-NEGROS AO CHAMÁ-LOS DE URUBUS.

PRETO VELHO
JÁ DIZIA A MENINADA
EXISTE UM TIME QUE SACODE
A ARQUIBANCADA
SUA HISTÓRIA, SUA GLÓRIA,
SEU NOME É TRADIÇÃO
A MINHA MAIOR ALEGRIA É
VER O MENGO CAMPEÃO

FOI UM CARNAVAL. O SAMBA CAMPEÃO DO SALGUEIRO, BAHIA DE TODOS OS DEUSES, PASSOU A SER FLAMENGO DE TODOS OS DEUSES.

SOB O COMANDO DE YUSTRICH, TREINADOR LINHA DURA, O FLAMENGO INICIOU 1970 DISPUTANDO O TORNEIO INTERNACIONAL DE VERÃO DO RIO DE JANEIRO.

A SELEÇÃO DA ROMÊNIA, QUE JOGARIA A COPA DO MUNDO, ATÉ ABRIU O MARCADOR NO DIA 15 DE FEVEREIRO, MAS ACABOU GOLEADA POR 4 X 1. DOVAL, ARILSON E DIONÍSIO FORAM ARRASADORES.

TRÊS DIAS DEPOIS, O INDEPENDIENTE DE AVELLANEDA FOI ATROPELADO: 6 X 1. FIO ABRIU O MARCADOR E FOI FESTEJADO POR LIMINHA, ARILSON E ZANATA, REFORÇO QUE DEU UM TOQUE DE CLASSE AO RAÇUDO MENGÃO 70.

O ÚNICO MÉRITO DO VASCO NA ÚLTIMA RODADA FOI ESCAPAR DE UMA GOLEADA, APESAR DE AMPLAMENTE DOMINADO. LIMINHA ENCHEU O PÉ PARA FAZER O DÉCIMO SEGUNDO GOL RUBRO-NEGRO NOS TRÊS JOGOS DO TORNEIO INTERNACIONAL DE VERÃO, FECHANDO OS 2 X 0 DO JOGO QUE VALEU O TÍTULO.

AINDA NO PRIMEIRO SEMESTRE, O FLAMENGO GANHOU A TAÇA GUANABARA PELA PRIMEIRA VEZ, ENTÃO UM TORNEIO À PARTE DO CAMPEONATO CARIOCA, COM FIO SENDO O GOLEADOR DO TIME.

NO DIA 31 DE MAIO DE 1970, O CAPITÃO PAULO HENRIQUE ERGUEU O TROFÉU QUE DEU INÍCIO À SUPREMACIA RUBRO-NEGRA NA TAÇA GUANABARA, DA QUAL O CLUBE SE TORNARIA O MAIOR CAMPEÃO.

NO DIA 16 DE JUNHO DE 1970, ANTES DE O FLAMENGO VENCER A SELEÇÃO CARIOCA POR 1 X 0, CARLINHOS – QUE NÃO JOGOU – FOI HOMENAGEADO PELA VIDA DEDICADA AO CLUBE.

EM 1954, AINDA GAROTO, ELE HAVIA RECEBIDO AS CHUTEIRAS DE BIGUÁ. NA HORA DE DIZER ADEUS, FOI A SUA VEZ DE ENTREGAR AS CHUTEIRAS A UMA JOVEM PROMESSA: ZICO.

O SÁBADO, 19 DE SETEMBRO DE 1970, ENTROU PARA A HISTÓRIA. O FLAMENGO VENCIA A PORTUGUESA PELO CAMPEONATO ESTADUAL POR 1 X 0, QUANDO O GOLEIRO UBIRAJARA ALCÂNTARA DEU UM BALÃO NA REPOSIÇÃO DE BOLA.

O CHUTE ATRAVESSOU O CAMPO TODO. O GOLEIRO PAULO ROBERTO SAIU PARA FAZER A DEFESA, MAS A BOLA QUICOU NA ALTURA DA MEIA-LUA, GANHOU NOVO IMPULSO COM O VENTO DA ILHA DO GOVERNADOR E ENCOBRIU PAULO ROBERTO, QUE SE JOGOU PARA TRÁS, MAS SÓ CONSEGUIU ASSISTIR AO GOL HISTÓRICO DO BIRA.

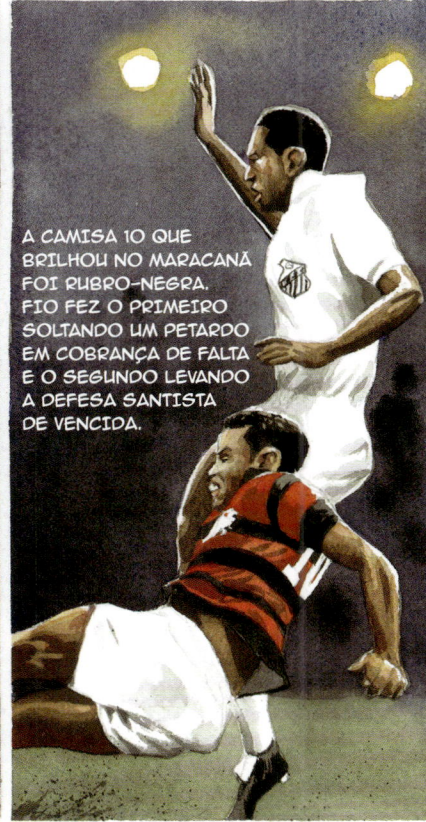

JÁ PELA TAÇA DE PRATA, NO DIA 14 DE NOVEMBRO, O FLAMENGO COMEMOROU 75 ANOS ENFRENTANDO O SANTOS DE PELÉ, QUE FOI ANULADO PELO PARAGUAIO REYES.

A CAMISA 10 QUE BRILHOU NO MARACANÃ FOI RUBRO-NEGRA. FIO FEZ O PRIMEIRO SOLTANDO UM PETARDO EM COBRANÇA DE FALTA E O SEGUNDO LEVANDO A DEFESA SANTISTA DE VENCIDA.

A MANCHETE DO JORNAL O GLOBO DEU O MELHOR RESUMO DO QUE ACONTECEU NO MARACANÃ: QUEM FOI VER PELÉ ACABOU APLAUDINDO FIO.

NO COMEÇO DE 1971, OS RUBRO-NEGROS VOLTAVAM SEUS OLHOS PARA O TIME JUVENIL. DEPOIS DE BRILHAR NA ESCOLINHA, ZICO COMEÇAVA A EMPILHAR GOLS NA NOVA CATEGORIA.

NO DIA 14 DE MARÇO, ELE BALANÇOU A REDE DO MARACANÃ PELA PRIMEIRA VEZ, DE PÊNALTI, NA PRELIMINAR EM QUE OS JUVENIS DE FLAMENGO E BOTAFOGO EMPATARAM EM 1 X 1 DIANTE DE MAIS DE CEM MIL PESSOAS.

AS PRELIMINARES RECEBIAM CADA VEZ MAIS PÚBLICO PARA APLAUDIR ZICO. MESMO FRANZINO E COM POUCA ALTURA, ELE SUBIU MAIS QUE O GOLEIRO E O MARCADOR PARA DECIDIR O FLA-FLU DE 4 DE ABRIL DE 1971 COM UM GOL DE CABEÇA.

A ATUAÇÃO MAIS MARCANTE DE ZICO PELOS JUVENIS EM 1971 FOI NO DIA 13 DE JUNHO, QUEBRANDO UMA INVENCIBILIDADE DE 122 JOGOS DO BOTAFOGO NA CATEGORIA. VANDERLEI LUXEMBURGO CRUZOU DA ESQUERDA E ZICO ENTROU CHUTANDO DE BICO PARA FAZER O GOL ÚNICO, QUE COMEMOROU COM O AMIGO FIDÉLIS.

NO DIA 25 DE MAIO, NOS 5 X 1 CONTRA O CAMPO GRANDE, ZICO FEZ DOIS GOLS. E O SEGUNDO FOI HISTÓRICO: A PRIMEIRA VEZ QUE O CAMISA 10 MARCOU DE FALTA NO MARACANÃ.

A ATUAÇÃO DE ZICO QUE DERRUBOU O BOTAFOGO NOS JUVENIS FOI ACOMPANHADA PELO NOVO TREINADOR DO TIME PRINCIPAL, QUE PASSARIA A PREPARAR A ASCENSÃO DO GAROTO DE QUINTINO: MANUEL AGUSTÍN FLEITAS SOLICH.

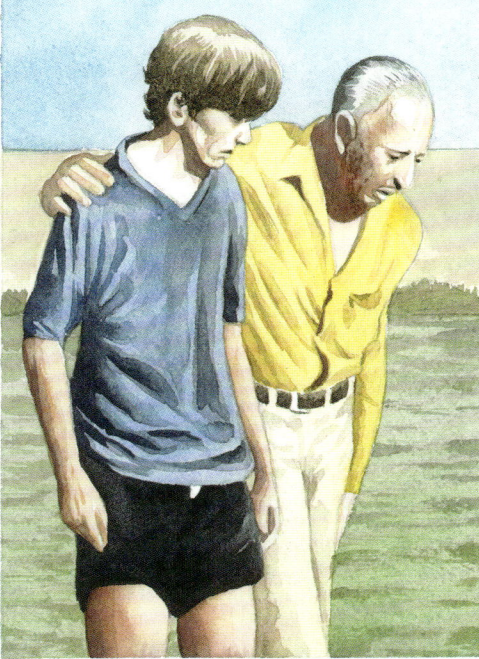

DEZESSETE ANOS DEPOIS DE TER LANÇADO O JOVEM DIDA COMO TITULAR CONTRA O VASCO, DON FLEITAS DEU A ZICO A CAMISA 9 PARA O CLÁSSICO DE 29 DE JULHO DE 1971, PELA TAÇA GUANABARA.

EL BRUJO NÃO HAVIA PERDIDO A MÃO. OS RUBRO-NEGROS BATERAM O VASCO POR 2 X 1 — MESMO PLACAR DA ESTREIA DE DIDA EM 1954 — COM ZICO DANDO O PASSE PARA NEI MARCAR O PRIMEIRO E COMEMORANDO COM FIO O GOL DA VITÓRIA NO ÚLTIMO MINUTO.

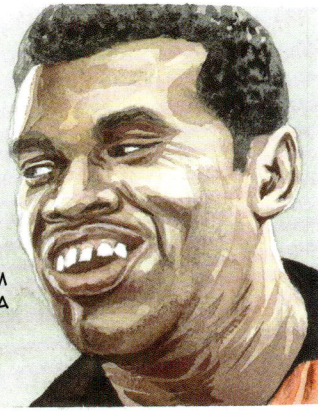

AINDA EM 1971, DURANTE O CAMPEONATO BRASILEIRO, ZICO FEZ SEUS DOIS PRIMEIROS GOLS COMO PROFISSIONAL. NO EMPATE EM 1 X 1 CONTRA O BAHIA, NA NOITE DE 11 DE AGOSTO NA FONTE NOVA, ELE DESLOCOU O GOLEIRO APÓS DESVIO DE CABEÇA DE ZÉ EDUARDO.

NO DIA 17 DE OUTUBRO, EM OUTRO EMPATE EM 1 X 1, TAMBÉM FORA DE CASA, ZICO FEZ UM GOL ANTOLÓGICO CONTRA O SANTA CRUZ. DEPOIS DE INTERCEPTAR UMA BOLA NO MEIO DE CAMPO, ELE VIU O GOLEIRO DETINHO ADIANTADO E MANDOU POR COBERTURA.

DETINHO SE ESTICOU EM VÃO, E QUANDO CAIU NO CHÃO, A BOLA JÁ ESTAVA NA REDE, COM ZICO COMEMORANDO PELA PRIMEIRA VEZ UM GOL QUE PELÉ NÃO FEZ.

DEPOIS DE LONGO TEMPO SEM CONTRATAÇÕES DE IMPACTO, O FLAMENGO SACUDIU O FUTEBOL DO RIO EM 1972. ZAGALLO SERIA O NOVO TREINADOR, E CHEGOU APRESENTANDO UM NOVO CAMISA 10: PAULO CÉZAR CAJU.

COM A IMINENTE VOLTA DE DOVAL, QUE HAVIA SIDO EMPRESTADO AO HURACÁN DEPOIS SE DESENTENDER COM YUSTRICH, ZAGALLO OPTOU POR DEIXAR ZICO NOS JUVENIS, ONDE SERIA TREINADO POR MODESTO BRIA.

"BEM-VINDO, PC. VOCÊ PRECISA SER CAMPEÃO PELO FLAMENGO COMO EU FUI."

"ME SENTI EM CASA AO PASSAR POR ESSE PORTÃO, ZAGALLO. JOGUEI FUTEBOL DE SALÃO AQUI, E VOU REALIZAR MEU SONHO DE COMEMORAR UM GOL COM ESSA MASSA."

"VAMOS FAZER UM GRANDE ANO, ZICO. A VOLTA AO PROFISSIONAL É QUESTÃO DE TEMPO."

"O IMPORTANTE É JOGAR, SEU BRIA, E QUERO MESMO GANHAR ESSE TÍTULO JUVENIL QUE AINDA NÃO TENHO."

O ANO COMEÇOU COM O TORNEIO INTERNACIONAL DE VERÃO, E O FLAMENGO ESTREOU CONTRA O BENFICA, NA NOITE DE SÁBADO, 15 DE JANEIRO. NO SEGUNDO TEMPO, FIO RECEBEU DE ROGÉRIO E PASSOU ENTRE DOIS ZAGUEIROS...

NA CABINE DA RÁDIO GLOBO, WALDIR AMARAL DEFINIA A RELAÇÃO ENTRE FIO E A MAGNÉTICA GALERA RUBRO-NEGRA.

"FOI LÁ E DEU UMA DE PELÉ, SACUDINDO A TORCIDA DO MENGO! ESTÃO DESFRALDADAS AS BANDEIRAS DO FLAMENGO! FIO, 14 É A CAMISA DELE, INDIVÍDUO COMPETENTE O FIO..."

... DEU UM TOQUE, DRIBLOU O GOLEIRO E SÓ NÃO ENTROU COM BOLA E TUDO PORQUE TEVE HUMILDADE EM GOL. A JOGADA FOI ETERNIZADA PELO RUBRO-NEGRO JORGE BEN E ATÉ HOJE É CANTADA BRASIL AFORA:
FIO MARAVILHA, NÓS GOSTAMOS DE VOCÊ!

O TÍTULO DE CAMPEÃO DO TORNEIO INTERNACIONAL DE VERÃO FOI CONQUISTADO NA NOITE DE 20 DE JANEIRO DE 1972. COM UM MERGULHO ESPETACULAR DE PAULO CÉZAR, O FLAMENGO BATEU O VASCO POR 1 X 0.

O SEGUNDO TÍTULO DO ANO NÃO DEMOROU. NO TORNEIO DO POVO, O FLAMENGO SUPEROU BAHIA, ATLÉTICO MINEIRO, CORINTHIANS E INTER PARA SER CAMPEÃO INVICTO. PAULO CÉZAR E DOVAL FORMARAM UMA DUPLA MATADORA.

A CONQUISTA FOI SACRAMENTADA NA TARDE DE 20 DE FEVEREIRO, NO EMPATE SEM GOLS COM O INTER, DIANTE DE QUASE SETENTA MIL PESSOAS NO MARACANÃ. REYES, JÁ UM ÍDOLO ETERNO PELA COMBINAÇÃO DE RAÇA E TÉCNICA, MOSTROU AO POVO RUBRO-NEGRO O SEU TROFÉU.

NOS JUVENIS, ZICO EXIBIA SEU REPERTÓRIO. NO DIA 15 DE MARÇO, ELE TIROU O TIME DO SUFOCO EM TEIXEIRA DE CASTRO COM UM GOLAÇO DE FALTA NO SEGUNDO TEMPO, GARANTINDO O 1 X 0 CONTRA O BONSUCESSO.

NO TIME DE CIMA, DOVAL – QUE ASSUMIU A CAMISA 10 – E CAIO ESTOURAVAM AS REDES DOS ADVERSÁRIOS NA TAÇA GUANABARA, QUE JÁ VALIA COMO A PRIMEIRA ETAPA DO CAMPEONATO.

CAIO, QUE POR DOIS ANOS HAVIA SIDO CAMPEÃO PELOS ASPIRANTES, CAIU NAS GRAÇAS DA TORCIDA. NO 1 X 0 CONTRA O VASCO, DIA 16 DE ABRIL, ELE RECEBEU DE PAULO CÉZAR, MATOU NO PEITO E ESTUFOU A REDE.

TRÊS DIAS MAIS TARDE, CAIO MARCOU NOS 2 X 1 CONTRA O BANGU. NA COMEMORAÇÃO, PARA EVITAR ATINGIR UM FOTÓGRAFO, GIROU NO AR SOBRE ELE E FOI IMORTALIZADO POR WALDIR AMARAL.

"CAIO, 9 É CAMISA DELE, É O HOMEM CAMBALHOTA!"

NO DOMINGO, 23 DE ABRIL, CAMBALHOTA E SEUS COMPANHEIROS GOLEARAM O FLUMINENSE POR 5 X 2 E CONQUISTARAM A TAÇA GUANABARA. CAIO FEZ TRÊS, LIMINHA E DOVAL COMPLETARAM A CONTA E PAULO CÉZAR FOI O REGENTE DE UMA TARDE INESQUECÍVEL.

O CAMPEONATO CARIOCA DE 1972 FOI DECIDIDO ENTRE FLAMENGO, VASCO E FLUMINENSE. NA NOITE DE 31 DE AGOSTO, OS RUBRO-NEGROS DESPACHARAM OS VASCAÍNOS COM UM GOLAÇO DE FALTA DE PAULO CÉZAR.

NA DECISÃO DE 7 DE SETEMBRO, O FLAMENGO POSOU PARA FOTO COM RENATO, CHIQUINHO, MOREIRA, REYES, LIMINHA, LUXEMBURGO, MINEIRO (MASSAGISTA), ROGÉRIO, ZÉ MÁRIO, CAIO CAMBALHOTA, DOVAL E PAULO CÉZAR.

DOVAL FEZ O PRIMEIRO DE CABEÇA E CAIO CAMBALHOTA MARCOU QUASE SEM ÂNGULO DEPOIS DE DRIBLAR FÉLIX. A VITÓRIA POR 2 X 1 ENLOUQUECEU O MARACANÃ, A COMEÇAR POR ZAGALLO.

PAULO CÉZAR FOI QUEM CARREGOU O TROFÉU NA VOLTA OLÍMPICA QUE CONSAGROU O VENCEDOR DO CAMPEONATO CARIOCA DO SESQUICENTENÁRIO DA INDEPENDÊNCIA DO BRASIL.

A FESTA PELO TÍTULO CARIOCA SE ESTENDEU ATÉ O DIA 22 DE OUTUBRO, QUANDO O FLAMENGO CONQUISTOU O BICAMPEONATO DE REMO E O TÍTULO DE CAMPEÃO DE TERRA E MAR DE 1972. A SEQUÊNCIA DE TRIUNFOS NO REMO IRIA ATÉ 1981.

NOS JUVENIS, A DECISÃO SÓ ACONTECERIA EM DEZEMBRO, EM UMA MELHOR DE TRÊS ENTRE VASCO E FLAMENGO DOS CABELUDOS ROBERTO E ZICO.

CADA TIME GANHOU UMA PARTIDA, E O DESEMPATE ACONTECEU NA GÁVEA, NO DIA 16 DE DEZEMBRO. O FLAMENGO JÁ VENCIA POR 1 X 0, QUANDO ZICO DEU UM LENÇOL, MATOU NO PEITO E EMENDOU UM VOLEIO NO ÂNGULO: ERA O GOL DO TÍTULO.

VÁRIOS JOGADORES DAQUELE TIME SERIAM TITULARES NOS PROFISSIONAIS. ABRAÇADO A QUATRO DELES – O MEIA GERALDO, ZICO E OS ZAGUEIROS RONDINELLI E JAYME – O TREINADOR BRIA, TRICAMPEÃO EM 1944 AO LADO DO PAI DE JAYME, PROFETIZOU.

AQUI ESTÁ O FUTURO DO NOSSO FLAMENGO!

EM 1973 ZICO SUBIU PARA OS PROFISSIONAIS. NO DIA 28 DE JANEIRO, PELO TORNEIO DO POVO, NOS 3 X 2 CONTRA O ATLÉTICO NO MINEIRÃO, ELE MARCOU DOIS GOLS – UM DELES, PASSANDO POR TODA A DEFESA – E DEU A ASSISTÊNCIA PARA CAIO MARCAR O OUTRO.

NO DIA 6 DE MAIO, DIANTE DE 160 MIL PESSOAS, O FLAMENGO VENCEU O VASCO POR 1 X 0 E CONQUISTOU O BICAMPEONATO DA TAÇA GUANABARA. ARÍLSON, AUTOR DO GOL, COMEMOROU COM DARIO, A GRANDE CONTRATAÇÃO DO ANO.

NO EMPATE EM 2 X 2 COM O VASCO, NA TARDE DE 23 DE SETEMBRO, ZICO ABRIU O PLACAR COBRANDO PÊNALTI. FOI SEU PRIMEIRO GOL PELO TIME PROFISSIONAL NO MARACANÃ, AINDA COM A CAMISA 7.

MAS FOI JÁ COM A CAMISA 10 QUE ELE DECIDIU O ÚLTIMO CLÁSSICO DE 1973, NO DIA 9 DE DEZEMBRO. DEPOIS DE SE LIVRAR DE DOIS ZAGUEIROS COM UM GIRO DE CORPO, ZICO DESLOCOU O GOLEIRO COM UM TOQUE SUAVE NO CANTO ESQUERDO: FLA 1 X 0 BOTAFOGO.

1974 COMEÇOU COM O EX-ZAGUEIRO JOUBERT NO COMANDO TÉCNICO. COM ELE, A PRATA DA CASA SERIA MAIS VALORIZADA. ZICO JÁ ERA TITULAR ABSOLUTO E LOGO TERIA A COMPANHIA DE GERALDO, QUE NO ANO ANTERIOR HAVIA FEITO O GOL DO TÍTULO DO BICAMPEONATO DE JUVENIS.

NO PRIMEIRO JOGO DO ANO, UM ADEUS. ANTES DE O FLAMENGO ENFRENTAR O ZELJEZNICAR NO DIA 18 DE JANEIRO, REYES FOI CARREGADO NOS OMBROS, RECEBEU HOMENAGENS E FALOU AMPARADO POR JAYME DE CARVALHO E ERNESTO ESCOVINO, DA CHARANGA RUBRO-NEGRA.

VOLTO AO PARAGUAI E MEU CORAÇÃO FICA AQUI. NÃO USAR MAIS ESSA CAMISA, NÃO OUVIR MAIS ESSA TORCIDA, DÓI MUITO.

COM A BOLA ROLANDO, O FLAMENGO SUPEROU O TIME QUE TINHA METADE DA SELEÇÃO DA IUGOSLÁVIA QUE IRIA À COPA POR 3 X 1. ZICO FEZ DOIS, O SEGUNDO DELES DRIBLANDO MEIO TIME, E DEDICOU OS GOLS À SUA MÃE, DONA MATILDE, ANIVERSARIANTE DO DIA SEGUINTE.

Na tarde de 3 de fevereiro, no Estádio Divino Garcia Rosa, em Goiatuba, um simples amistoso entrou para a história. O Flamengo goleou o Goiatuba por 6 x 2 e Zico marcou, aos 43 do primeiro tempo, seu primeiro gol de falta no time profissional.

Duas semanas depois, em amistoso contra o Corinthians, Zico provou no Maracanã que falta era com ele mesmo. O toque saiu leve, sobre a barreira...

... e o goleiro nem se mexeu. O momento foi tão especial que Zico guardou a fita K7 com a narração feita por Jorge Curi.

GOOOOOOOOOLAÇO-AÇO-AÇOO! ZIIICOOO! CAMIIISA NÚMERO DEZ.... QUANDO ERAM DECORRIDOS 44 DE LUTA NA ETAPA INICIAL...

O gol de Zico havia empatado o jogo, eis que o Corinthians fizera 1 x 0. E foi Geraldo quem virou, também cobrando falta, abrindo o caminho para o Flamengo golear o time de Rivellino por 5 x 1.

A FAMA DE ZICO COMO EXÍMIO COBRADOR DE FALTAS SE CONSOLIDOU NO ESTADUAL DE 1974. NO DIA 1 DE SETEMBRO, O GOL FOI CONTRA O FLUMINENSE DE GÉRSON E FÉLIX.

NA GOLEADA DE 5 X 1 FRENTE AO MADUREIRA, NO DIA 9 DE OUTUBRO, QUASE UMA REPETIÇÃO DO GOL CONTRA OS TRICOLORES: BOLA ENCOBRINDO A BARREIRA PARA CAIR NO CANTO DIREITO, COM O GOLEIRO DORIVAL ESTÁTICO.

ONZE DIAS MAIS TARDE, A VÍTIMA FOI O VASCO NO EMPATE EM 1 X 1. QUANDO ANDRADA PENSOU EM SE MEXER, A REDE VASCAÍNA JÁ ESTAVA BALANÇANDO. FESTA VERMELHA E PRETA NO MARACANÃ.

TIA HELENA, PRESIDENTE DA TORCIDA JOVEM, QUE HAVIA VIBRADO COM O GOL DE VALIDO EM 1944 E COM O TRIPLETE DE DIDA NO SEGUNDO TRI, EMOCIONAVA-SE COM A AFIRMAÇÃO DO REI DO FLAMENGO.

GOOOOOOOOL!

PARA BRIGAR PELO CAMPEONATO ESTADUAL, O FLAMENGO PRECISARIA CONQUISTAR O TERCEIRO TURNO. E UM JOGADOR JUVENIL AJUDARIA A CONSTRUIR ESSA HISTÓRIA: LEOVEGILDO LINS GAMA JUNIOR.

JUNIOR, MEIO-CAMPISTA DE ORIGEM, JÁ HAVIA SIDO DESLOCADO PARA A LATERAL DIREITA NOS JUVENIS. E NA NOITE DE 6 DE NOVEMBRO DE 1974, EM UM AMISTOSO EM CUIABÁ, CONTRA O OPERÁRIO DE VÁRZEA GRANDE, ELE ENTROU NO SEGUNDO TEMPO. FOI SUA ESTREIA NOS PROFISSIONAIS E O JOGO ACABOU EMPATADO EM 2 X 2.

O PRIMEIRO JOGO DE JUNIOR COMO TITULAR FOI NO TERCEIRO JOGO DO TERCEIRO TURNO, CONTRA O VASCO, DIANTE DE QUASE OITENTA MIL PESSOAS, E A TARDE DE 24 NOVEMBRO GUARDAVA UM MOMENTO ETERNO. AOS 32 MINUTOS, JUNIOR OLHOU E CRUZOU...

... NA CABEÇA DE ZICO, QUE SUBIU MAIS QUE FIDÉLIS E MIGUEL E CUMPRIMENTOU ANDRADA. ERA O SEGUNDO GOL RUBRO-NEGRO NA VITÓRIA POR 3X1 E PRIMEIRO EM PARCERIA DA MAIS BEM-SUCEDIDA DUPLA DA HISTÓRIA DO FLAMENGO: ZICO E JUNIOR, JUNIOR E ZICO.

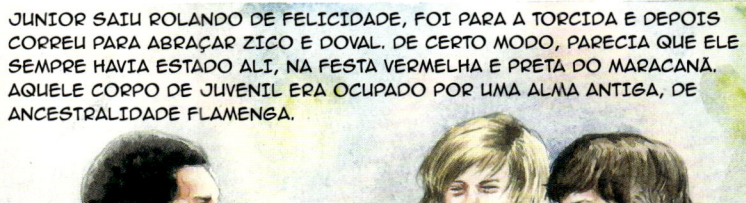

JUNIOR SAIU ROLANDO DE FELICIDADE, FOI PARA A TORCIDA E DEPOIS CORREU PARA ABRAÇAR ZICO E DOVAL. DE CERTO MODO, PARECIA QUE ELE SEMPRE HAVIA ESTADO ALI, NA FESTA VERMELHA E PRETA DO MARACANÃ. AQUELE CORPO DE JUVENIL ERA OCUPADO POR UMA ALMA ANTIGA, DE ANCESTRALIDADE FLAMENGA.

NO DIA 8 DE DEZEMBRO, O FLAMENGO PRECISA VENCER O AMERICA PARA CONQUISTAR O TERCEIRO TURNO E IR ÀS FINAIS. O ADVERSÁRIO SAIU À FRENTE, MAS AOS 23 DO PRIMEIRO TEMPO JUNIOR MANDOU UM BALAÇO DA INTERMEDIÁRIA NO CANTO DIREITO DE ROGÉRIO.

A EMOÇÃO COM A EXPLOSÃO DA TORCIDA EM SEU PRIMEIRO GOL COM A CAMISA DO FLAMENGO FEZ JUNIOR FLUTUAR DE FELICIDADE.

A VITÓRIA VEIO COM ZICO BATENDO FALTA NO ÂNGULO ESQUERDO, COM DOALCEI CAMARGO E RONALDO CASTRO EM CIMA DO LANCE NA RÁDIO TUPI.

LÁ VAI ZICO, AUTORIZADO, CAPRICHOU, BATEEEU... É GOOL! GOOOOOOOOOOOOL DO FLAMENGO! ZICO, DE MANEIRA SENSACIONAL! DECORRIDOS 12 MINUTOS CRAVADOS DA ETAPA FINAL... RONALDO?

NÃO TINHA DEFESA, DOALCEI, ELE BATE MUITO BEM! DALI, É MEIO GOL!

O GOL DO TÍTULO DO TERCEIRO TURNO FOI O DE NÚMERO 49 DE ZICO EM 1974, DEIXANDO PARA TRÁS O RECORDE DE DIDA COMO MAIOR ARTILHEIRO RUBRO-NEGRO EM UMA TEMPORADA, COM 46 EM 1959.

UMA SEMANA DEPOIS, FLAMENGO E AMERICA VOLTARAM A SE ENCONTRAR, ABRINDO O TRIANGULAR DECISIVO QUE TAMBÉM TINHA O VASCO. LOGO NO COMEÇO, DOVAL E ALEX DIVIDIRAM TÃO FORTE QUE OS DOIS SAÍRAM DO JOGO.

A FORÇA OFENSIVA PERDIDA FOI COMPENSADA PELA TORCIDA, QUE EMPURROU O TIME PARA CIMA. AOS 20 DO SEGUNDO TEMPO, ZICO AJEITOU E JAYME DE ALMEIDA FILHO SE ESTICOU PARA FAZER 1 X 0.

POUCO DEPOIS, JUNIOR DOMINOU NA INTERMEDIÁRIA, VIU ROGÉRIO ADIANTADO E MANDOU POR COBERTURA. O GOLEIRO SE ESTICOU, MAS A BOLA MORREU NO ÂNGULO DIREITO. UM GOLAÇO!

"ESTÃO DESFRALDADAS AS BANDEIRAS DO MENGÃO! JUNIOR, QUATRO É A CAMISA DELE, INDIVÍDUO COMPETENTE O JUNIOR..."

JUNIOR E JAYME, OS ÚNICOS A RECEBEREM NOTA 10 DE O GLOBO, CORRERAM PARA A TORCIDA QUE FAZIA O MARACANÃ BALANÇAR, ALUCINADA PELA VITÓRIA NA RAÇA.

O JOGO ACABOU 2 X 1. NELSON RODRIGUES, EM O GLOBO, ESCOLHEU JUNIOR COMO O SEU PERSONAGEM DA SEMANA, E IMAGINOU O GOLAÇO DO CAMISA 4 EM ÓLEO SOBRE TELA.

Um gol que foi uma pintura, um quadro de Goya. Ia ser um centro, apenas um centro. Mas eis que, antes de cruzar, Junior teve um reflexo fulminante. Rogério saíra. E, então, o garoto chutou em gol. Quando Rogério percebeu, era muito tarde e a torcida rubro-negra voava pelos ares. Era a vitória, talvez o campeonato.

Rio de Janeiro, 22 de dezembro de 1974. Os 165.358 pagantes no Maracanã viram o Flamengo posar com Renato, Junior, Jayme, Luiz Carlos, Zé Mário, Rodrigues Neto, Paulinho, Geraldo, Édson, Zico e Julinho, além do massagista João Carlos.

Quatro dias antes, Edu, irmão de Zico, havia feito o gol do empate do América contra o Vasco. Isso garantia aos rubro-negros a vantagem na decisão contra os cruzmaltinos, e Renato foi o guardião perfeito dessa vantagem.

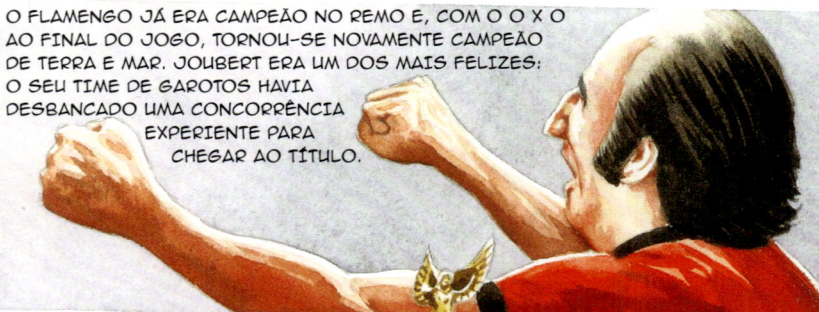

Zé Mário, jogando deslocado para substituir Liminha, foi o melhor da tarde. "Tomou conta do jogo", disse Ruy Porto, na Rádio Tupi.

O Flamengo já era campeão no remo e, com o 0 x 0 ao final do jogo, tornou-se novamente campeão de terra e mar. Joubert era um dos mais felizes: o seu time de garotos havia desbancado uma concorrência experiente para chegar ao título.

Ao lado de Junior, Zico ergueu a sua primeira taça como titular e dono da camisa 10. Uma cena que logo se tornaria rotina no maior estádio do mundo.

JÁ NO VESTIÁRIO, ZICO RECEBEU A VISITA DO IRMÃO EDU. KLEBER LEITE, RUBRO-NEGRO E REPÓRTER DA TUPI, LEMBROU QUE EDU HAVIA COLABORADO NA CONQUISTA DO FLAMENGO.

QUANTO É QUE O EDU LEVA DE BICHO, ZICO?

A METADE, NÉ?

CELSO GARCIA, O RESPONSÁVEL PELA IDA DE ZICO PARA A GÁVEA, TAMBÉM RUBRO-NEGRO E REPÓRTER DA TUPI, ENTRA NA CONVERSA.

NÃO É NEM FAVOR, ZICO, AQUELA CABEÇADA DO EDU CONTRA O VASCO FOI GOL DO FLAMENGO!

E PARA FECHAR AS COMEMORAÇÕES DO TÍTULO DE 1974, CHAMAMOS NOSSO FOTÓGRAFO ATEMPORAL, PARA FAZER O REGISTRO DA FELICIDADE DE ZICO E DE CELSO GARCIA, A QUEM TODOS OS RUBRO-NEGROS DEVEM GRATIDÃO POR TODA A ETERNIDADE.

KLEBER LEITE APONTA PARA A CAMISA DO JOGO QUE ESTÁ NO OMBRO DE ZICO, E FAZ UMA PERGUNTA DA QUAL JÁ IMAGINAVA A RESPOSTA.

E ESSA AQUI, VAI PRA QUEM, ZICO?

A CAMISA É DO CELSO, SÓ PODE SER DELE.

NOS ANOS DE 1975 E 1976, ZICO CONSOLIDOU-SE COMO O MAIOR BATEDOR DE FALTAS DO PAÍS. FORAM 10 GOLS PELO FLAMENGO, FORA OS MARCADOS PELA SELEÇÃO.

A SÉRIE COMEÇOU NO DIA 2 DE FEVEREIRO DE 1975, NO AMISTOSO EM QUE O FLAMENGO VENCEU O INTER POR 4X2. BOLA NO ÂNGULO DIREITO, SEM CHANCES PARA MANGA.

EM 1975, ZICO AINDA MARCOU DE FALTA NA SELEÇÃO DE GOIÁS, NA INAUGURAÇÃO DO SERRA DOURADA...

CONTRA BANGU...

PORTUGUESA...

TREZE...

...E TIRADENTES.

NO DIA 7 DE MARÇO DE 1976, O FLA GOLEOU O FLU POR 4 X 1 DIANTE DE QUASE 90 MIL PESSOAS E ZICO FEZ OS QUATRO GOLS, INCLUINDO UMA OBRA DE ARTE EM COBRANÇA DE FALTA. O SHOW DE ZICO MOTIVOU UMA CÉLEBRE MANCHETE DO JORNAL DOS SPORTS: "QUE ZICOVARDIA, PÔ!"

BASTAVA UMA FALTA SER MARCADA NAS PROXIMIDADES DA ÁREA PARA A TORCIDA FESTEJAR, E O TALENTO DE ZICO FOI CELEBRADO EM UMA CANÇÃO DE JORGE BEN:

AINDA EM 1976, ZICO FEZ GOLS DE FALTAS NO PORTELA, NO VOLTA REDONDA E NO GRÊMIO, ESTE UMA BOMBA ESPETACULAR NO ÂNGULO ESQUERDO DE AGUSTÍN CEJAS, NA GOLEADA POR 5 X 1, DIA 24 DE NOVEMBRO.

É FALTA NA ENTRADA DA ÁREA... ADIVINHA QUEM VAI BATER? É O CAMISA 10 DA GÁVEA...

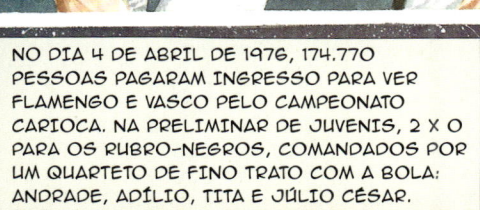

MAS O FLAMENGO EM 1975 E 1976 NÃO VIBROU APENAS COM OS GOLS DE FALTA DO CAMISA 10. NO DIA 5 DE JULHO DE 1975, O CLUBE HOMENAGEOU OS TRICAMPEÕES DE 1944 E 1955 E BATEU A JUVENTUS DE ZOFF, GENTILE E SCIREA DE VIRADA POR 2 X 1, GOLS DE DOVAL E ZICO.

EM 1975 O FLAMENGO VENCEU O CAMPEONATO CARIOCA FEMININO DE ATLETISMO. IRENICE RODRIGUES BRILHOU EM VÁRIAS PROVAS, COM DESTAQUE PARA OS 400 METROS, E TAMBÉM ESTARIA NO BICAMPEONATO NO ANO SEGUINTE.

NA NOITE DE 9 DE JANEIRO DE 1976, O FLAMENGO BATEU O VASCO POR 74 X 66 E SE TORNOU CAMPEÃO CARIOCA DE BASQUETE DE 1975. ENTRE OS DESTAQUES, O ETERNO CAMISA 5, PEDRINHO, E O NORTE-AMERICANO GEORGE THOMPSON.

NO DIA 4 DE ABRIL DE 1976, 174.770 PESSOAS PAGARAM INGRESSO PARA VER FLAMENGO E VASCO PELO CAMPEONATO CARIOCA. NA PRELIMINAR DE JUVENIS, 2 X 0 PARA OS RUBRO-NEGROS, COMANDADOS POR UM QUARTETO DE FINO TRATO COM A BOLA: ANDRADE, ADÍLIO, TITA E JÚLIO CÉSAR.

O MAIOR PÚBLICO DA HISTÓRIA DO CLÁSSICO TAMBÉM VIU UM BAILE NO JOGO PRINCIPAL: 3 X 1, DOIS DE ZICO – INCLUINDO UM DE CANHOTA DE FORA DA ÁREA – E UM DE LUISINHO TOMBO, IRMÃO DE CAIO CAMBALHOTA. JUNIOR, EM SEU PRIMEIRO ANO COMO LATERAL ESQUERDO, TEVE GRANDE ATUAÇÃO.

ERA UM GAROTO QUE, COMO TANTOS, AMAVA A BOLA E A VIDA.

COM A CAMISA 8 DO FLAMENGO, FEZ AMIGOS E ENCANTOU MULTIDÕES.

CAMISA, DIGA-SE, QUE FOI DE ZIZINHO E DE RUBENS. E QUE SERIA DE ADÍLIO E GÉRSON. A VESTE DA LINHAGEM DOS QUE TÊM GINGA DE MALANDRO, ALTIVEZ DE PRÍNCIPE E PINTA DE CRAQUE.

NO COMEÇO, DIZIAM QUE ELE ERA LENTO. MAS A VERDADE É QUE O GAROTO TINHA O SEU PRÓPRIO TEMPO, TALVEZ POR SABER QUE A VIDA PASSA RÁPIDO DEMAIS. A DELE, ENTÃO, FOI UM SOPRO.

UM ASSOVIO...

... GERALDO ASSOVIADOR CLEOFAS DIAS ALVES ERA UM GAROTO QUE JOGAVA ASSOVIANDO. E COMO ERA MELODIOSA A BOLA POR ELE ASSOVIADA!

IMAGINEM QUE, QUANDO GERALDO CHEGOU AO CÉU, UM PASSARINHO POUSOU EM SEU OMBRO. E LOGO CHEGARAM OUTROS. E GERALDO FOI FAZENDO EMBAIXADINHAS, SEGUIDO PELOS PÁSSAROS. E TODOS ELES ASSOVIANDO *YOUR SONG* NA VERSÃO DE BILLY PAUL.

OBRIGADO, GERA. AQUI, NESSAS PÁGINAS, NÃO VAMOS DIZER ADEUS. VOCÊ PRECISA FICAR, PARA VER QUE FOI HOMENAGEADO PELOS REIS.

E PARA VER ONDE CHEGOU O TIME EM QUE VOCÊ BATIA BOLA COM SEUS AMIGOS. *YOUR TEAM*, GERA.

YOUR TEAM.

COMO REPRESENTANTE DE UM GRUPO POLÍTICO CHAMADO FRENTE AMPLA PELO FLAMENGO, OU FAF, O TABELIÃO MARCIO BRAGA FOI ELEITO PRESIDENTE DO CLUBE EM 27 DE DEZEMBRO DE 1976. ENTRE SEUS APOIADORES, ESTAVAM PAULO CÉSAR DOS SANTOS PEREIRA, CARLINHOS NIEMEYER, KANELA E WALTER CLARK.

A REVOLUÇÃO PROMETIDA PELA FAF IRIA MUITO ALÉM DAS QUATRO LINHAS. DENTRO DELAS, O COMANDO CONTINUARIA COM O TÉCNICO QUE HAVIA ASSUMIDO O TIME TRÊS MESES ANTES DA ELEIÇÃO DE MARCIO: CLÁUDIO COUTINHO.

COUTINHO ACREDITAVA QUE O FLAMENGO JÁ TINHA UM ELENCO CAPAZ DE GRANDES CONQUISTAS, MAS MARCIO BRAGA PROMETEU, NA POSSE DE 3 DE JANEIRO DE 1977, "UM TIME NOTÁVEL", E CONTRATOU CARLOS ALBERTO TORRES, CARPEGIANI E CLÁUDIO ADÃO, DENTRE OUTROS.

OS TÍTULOS EM 1977 NÃO FORAM NO GRAMADO. PEDRINHO LIDEROU O BASQUETE NA VITÓRIA DECISIVA POR 78 X 68 CONTRA O VASCO EM 17 DE DEZEMBRO, E BEBETO DE FREITAS O VÔLEI NO FLA-FLU FINAL CINCO DIAS DEPOIS. O FLAMENGO TAMBÉM FOI CAMPEÃO NO TÊNIS COM THOMAZ KOCH, NO HANDEBOL MASCULINO E CHEGOU AO HEPTACAMPEONATO NO REMO.

MAS UM JOGO EM 1977 VALEU MAIS QUE UM TROFÉU. NO DIA 11 DE SETEMBRO, O TIME JOGAVA MAL E PERDEU A ETAPA INICIAL, AMERICA 1 X 0. A TORCIDA PERCEBEU O QUANTO ERA NECESSÁRIA E PASSOU TODOS OS 15 MINUTOS DO INTERVALO BERRANDO "MENGO". E FOI OUVIDA NO VESTIÁRIO.

MEEENGOOO... MENGOOOO...

ESTÃO OUVINDO ISSO? FAZ DEZ MINUTOS QUE ESTAMOS AQUI EMBAIXO E A TORCIDA NÃO PAROU DE GRITAR!

O BERRO PARECIA VIR DAS ENTRANHAS DA TERRA. O URUGUAIO RAMÍREZ, ONIPRESENTE, DAVA BICICLETA, CARRINHO, RABO DE ARRAIA, AFUGENTANDO O ADVERSÁRIO. NA ARQUIBANCADA, UMA NOVA TORCIDA ORGANIZADA COMANDAVA, EM PÉ, O TRANSE COLETIVO.

MEEENGOOO... MENGOOOO...

AOS 28 MINUTOS, ZICO EMPATOU O JOGO. O QUINTO DOS SETE GOLS DE FALTA QUE FARIA NO ANO. QUANDO O AMERICA DEU A NOVA SAÍDA, O MESMO BERRO VOLTOU A INUNDAR O MARACANÃ: MEEENGOOO!

GOOOOOOOOOOL!

UM MINUTO DEPOIS, ADÍLIO VIROU O JOGO E A ARQUIBANCADA TERMINOU DE ENLOUQUECER. MERICA FECHOU A TAMPA: 3 X 1. DOMINGO, 11 DE SETEMBRO DE 1977...

MENGOOOO... MEEENGOOO...

...O DIA EM QUE TIME E TORCIDA MOSTRARAM O QUE ESTAVAM DISPOSTOS A FAZER UM PELO OUTRO: TUDO.

UMA DAS GRANDES TRANSFORMAÇÕES LEVADAS PELA FAF AO CLUBE FOI NA COMUNICAÇÃO, A CARGO DA JORNALISTA MARILENE DABUS. DENTRE ELAS, UMA NOVA IDENTIDADE VISUAL, COM MARCA FANTASIA, QUE AMPLIOU A RECEITA COM A VENDA DE CAMISAS.

NA QUARTA-FEIRA, 22 DE FEVEREIRO DE 1978, DOMINGO BOSCO ASSUMIU O CARGO DE SUPERVISOR DO CLUBE E O COMPROMISSO DE LEVAR O FLAMENGO AO TOPO. MISSÃO COMPLICADA, EIS QUE COUTINHO E ZICO PASSARIAM MEIO ANO COM A SELEÇÃO BRASILEIRA.

SEM ZICO, QUE VOLTARA LESIONADO DA COPA, O TIME FOI À EUROPA EM AGOSTO. NO DIA 18, EM PALMA DE MALLORCA, JUNIOR FEZ UM GOLAÇO NOS 2 X 1 CONTRA O RAYO VALLECANO. O *TROFEO CIUTAT DE PALMA* SERIA DECIDIDO CONTRA O REAL MADRID NO DIA SEGUINTE.

CLÁUDIO ADÃO ABRIU O PLACAR CONTRA O REAL MADRID DO MEIA VICENTE DEL BOSQUE. CLÉBER FEZ 2 X 0, E O FLAMENGO CHEGOU A ENSAIAR UMA GOLEADA. MAS NO SEGUNDO TEMPO, A ARBITRAGEM – QUE FOI VAIADA – INVENTOU PÊNALTI, EXPULSOU TRÊS RUBRO-NEGROS DE CAMPO, E MAIS COUTINHO E TODO O BANCO.

DOMINGO BOSCO ASSUMIU O LUGAR DE COUTINHO, E COM OITO JOGADORES O TIME SE SEGUROU NA RAÇA E TAMBÉM NA CATEGORIA DE RAUL PLASSMANN, QUE ESTREAVA NAQUELA EXCURSÃO. A VITÓRIA POR 2 X 1 VALEU UM BELÍSSIMO TROFÉU E O RESPEITO INTERNACIONAL.

NA VOLTA DO EXTERIOR, OS RUBRO-NEGROS CONQUISTARAM A TAÇA GUANABARA COM TRANQUILIDADE. BASTAVA ENTÃO VENCER O SEGUNDO TURNO PARA FICAR COM O TÍTULO CARIOCA. MAS NA MANHÃ QUE ANTECEDEU O FLA-FLU DA 4ª RODADA, NA CONCENTRAÇÃO DE SÃO CONRADO, ZICO ANUNCIOU UM PROBLEMA AO SUPERVISOR.

BOSCO MANDOU OS FUNCIONÁRIOS ATRÁS DE MORANGOS, MAS NÃO OS ENCONTRARAM. ENTÃO ELE MESMO PEGOU SEU CARRO, FOI ATÉ A ESTRADA DE CANOAS, EMBRENHOU-SE NO MATO E VOLTOU PARA A CONCENTRAÇÃO COM UM PACOTE DE MORANGOS SELVAGENS.

PÔ, BOSCO, NÃO TEM MORANGO! NÃO QUERO INCOMODAR, MAS VOCÊ SABE, SEM MORANGO NÃO TEM GOL...

TOMA, MEU CRAQUE! NÃO VAI SER POR FALTA DE MORANGOS QUE VOCÊ VAI DEIXAR DE FAZER GOLS!

♪ DEIXA CHOVER... DEIXA MOLHAR... É NO MOLHADO QUE O FLAMENGO VAI GANHAR! ♪

ASSIM, NA TARDE CHUVOSA DE 5 DE NOVEMBRO DE 1978, O FLA GOLEOU O FLU POR 4 X 0, NAQUELA QUE COUTINHO CONSIDEROU A MELHOR PARTIDA DE CARPEGIANI COM A CAMISA RUBRO-NEGRA. ABASTECIDO PELOS MORANGOS, ZICO FEZ O PRIMEIRO E O TERCEIRO, E CLÁUDIO ADÃO OS OUTROS DOIS.

NA 6ª RODADA, A ARTILHARIA RUBRO-NEGRA FOI IMPIEDOSA. UM HISTÓRICO 9 X 0 PARA CIMA DA PORTUGUESA NA TARDE DE 11 DE NOVEMBRO. O MAIS BONITO FOI UMA PANCADA DE ZICO, UM DOS TRÊS QUE ELE FARIA BATENDO FALTA NA TEMPORADA.

NO DIA 19 DE NOVEMBRO, A VITÓRIA CONTRA O BOTAFOGO FOI SÓ POR 1 X 0, MAS O GOL FOI TÃO BONITO QUE VALEU POR 10. CARA A CARA COM O GOLEIRO, ZICO DEU UM TOQUE TÃO SUAVE POR COBERTURA QUE MAIS PARECIA UM CARINHO NA BOLA.

NA ÚLTIMA RODADA, COM RONDINELLI, CANTARELE, MANGUITO, TONINHO, JUNIOR, CARPEGIANI, MARCINHO, ADÍLIO, TITA, ZICO E CLÉBER, O FLAMENGO PRECISAVA DE UMA VITÓRIA PARA SER CAMPEÃO SEM DISPUTAR AS FINAIS. AO VASCO, O EMPATE BASTAVA PARA FICAR COM O SEGUNDO TURNO E FORÇAR A DECISÃO.

CENTO E VINTE MIL PESSOAS FORAM AO MARACANÃ NAQUELE DOMINGO, 3 DE DEZEMBRO DE 1978. CANTARELE, TITULAR DESDE A LESÃO SOFRIDA POR RAUL UM MÊS ANTES, DEMONSTROU TRANQUILIDADE NOS POUCOS ATAQUES DO VASCO.

SÓ DAVA FLAMENGO, MAS O VASCO IA ARRASTANDO O 0 X 0 ATÉ OS INSTANTES FINAIS. ATÉ QUE UMA BOLA CORTADA PARA ESCANTEIO CAIU PRÓXIMA AO FOTÓGRAFO URUGUAIO E RUBRO-NEGRO CHE, QUE REBATEU NA DIREÇÃO DE ZICO E DEU UM RECADO:

BATE LOGO, VAI GALO, TÁ ACABANDO!

ZICO NÃO PERDEU TEMPO. ALÇOU UMA BOLA QUE FLUTUOU SOBRE A ÁREA DO VASCO, ATRAINDO TODOS OS OLHARES DO MAIOR ESTÁDIO DO MUNDO. ERAM 41 MINUTOS DO SEGUNDO TEMPO E UM DEUS ESTAVA PRESTES A NASCER.

QUANDO ELE SUBIU E TESTOU A BOLA, AINDA ERA ANTÔNIO JOSÉ RONDINELLI TOBIAS, UM HOMEM DEDICADO AO OFÍCIO DE DEFENDER E EVENTUALMENTE ATACAR, VESTIDO COM UMA LINDA CAMISA VERMELHA E PRETA, NÚMERO 3.

QUANDO VOLTOU AO CHÃO, A REDE BALANÇAVA E ELE JAMAIS SERIA UM SER HUMANO COMUM OUTRA VEZ. JÁ ERA UM DEUS, COBERTO POR UM MANTO SAGRADO, E MATAVA A SEDE DE UMA NAÇÃO. TOMAI E BEBEI TODOS VÓS.

"VEM DESCAINDO PARA O TUMULTO, SUBIU RONDINELLI, CABECEOU... ENTROU!"

"... NUMA CABEÇADA MONUMENTAL, LÁ NO ÂNGULO DIREITO DE LEÃO..."

QUEM ESTAVA NO MARACANÃ, ENTROU EM TRANSE. E VIU, DIANTE DE SEUS OLHOS, O NASCIMENTO DO MAIOR FLAMENGO DE TODOS OS TEMPOS.

LONGE DO RIO, O PEQUENO MAURICIO NEVES DE JESUS OUVIA O JOGO COM SEU PAI E JAMAIS VAI ESQUECER AQUELE ABRAÇO.

"MEU FILHO, NÓS SOMOS CAMPEÕES!"

"FIM DE PAPO! O FLAMENGO É O GRANDE CAMPEÃO DE 1978!"

E AINDA QUE A FESTA TENHA SIDO DE MILHÕES DE PESSOAS, QUE FOSSE DE MODO PARTICULAR DE MARCIO BRAGA E SEUS COMPANHEIROS, DE COUTINHO E DE BOSCO, DE ZICO E JUNIOR, O SÍMBOLO DAQUELA CONQUISTA FOI MESMO A DIVINDADE QUE PASSOU A ATENDER POR RONDINELLI, O DEUS DA RAÇA.

O FESTIVO 1978 RUBRO-NEGRO TAMBÉM FOI MARCADO PELO VÔLEI FEMININO. EM CAMPINAS, NO DIA 5 DE NOVEMBRO, AS RUBRO-NEGRAS VENCERAM O MINAS POR 3 X 1 E CONQUISTARAM O TÍTULO NACIONAL. NOVE DIAS DEPOIS, AO BATER O FLUMINENSE POR 3 X 2, ELAS FICARAM TAMBÉM COM O CAMPEONATO CARIOCA. OS DESTAQUES DO TIME TREINADO POR ÊNIO FIGUEIREDO FORAM JACQUELINE E REGINA VILELLA.

NAS ÁGUAS DA LAGOA RODRIGO DE FREITAS, OS PUPILOS DE BUCK — COMO WALDEMAR E OLIDOMAR TROMBETTA, RAUL BAGATTINI E WANDIR KUNTZE, — ALCANÇARAM O OCTACAMPEONATO DE REMO, FEITO QUE COMBINADO COM O GOL DE RONDINELLI TORNOU O FLAMENGO CAMPEÃO DE TERRA E MAR.

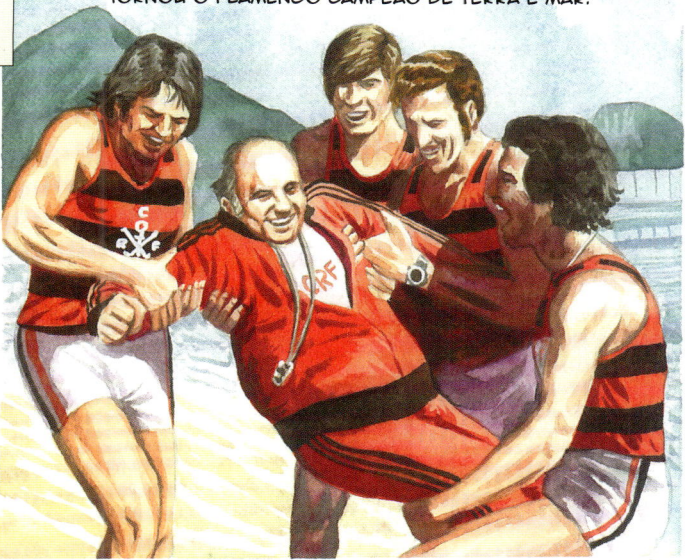

TALVEZ POR ISSO O TERCEIRO BAILE DO VERMELHO E PRETO, EVENTO CARNAVALESCO ANUAL CAPITANEADO POR MARILENE DABUS, TENHA SIDO O MAIS ANIMADO ATÉ ENTÃO. NA NOITE DE 22 DE FEVEREIRO DE 1979, CRAQUES E ARTISTAS CAÍRAM NA FOLIA DA QUAL ERAM ANFITRIÕES MARCIO E ELSA BRAGA. PERGUNTANDO SE A FESTA ERA UMA CELEBRAÇÃO PELO 1978 GLORIOSO, MARCIO VATICINOU: — NÃO, É PELO QUE VAMOS CONQUISTAR AGORA EM 1979.

MARCIO BRAGA ESTAVA CERTO. 1979 TRARIA DIAS INESQUECÍVEIS E O PRIMEIRO FOI O DOMINGO, 11 DE FEVEREIRO. PARA INAUGURAR O PLACAR ELETRÔNICO DO MARACANÃ, O FLAMENGO POSOU COM TONINHO, CANTARELE, RONDINELLI, MANGUITO, LEANDRO – JOVEM TALENTO QUE VINHA PEDINDO VAGA NAS DUAS LATERAIS E NO MEIO – E JUNIOR; REINALDO, PONTA VINDO DO AMERICA QUE SERIA O ADVERSÁRIO NAQUELA TARDE, ADÍLIO, CLÁUDIO ADÃO, ZICO E JÚLIO CÉSAR.

E COUBE A REINALDO A HONRA DE INICIAR A TRADIÇÃO DOS NOMES DOS AUTORES DOS GOLS NO PLACAR ELETRÔNICO, MANDANDO UMA CHICOTADA INDEFENSÁVEL AOS 28 MINUTOS DA ETAPA INICIAL.

O FLAMENGO DESLANCHOU NO SEGUNDO TEMPO. ADÍLIO FEZ UM GOLAÇO DE CANHOTA AOS 28 MINUTOS E TAMBÉM BOTOU SEU NOME NO PLACAR.

AOS 35, ZICO BATEU UMA FALTA TÃO INCRÍVEL QUE O GOLEIRO PAÍS NEM SE MEXEU: 3 X 0.

EXATAMENTE 70 SEGUNDOS DEPOIS, OUTRA FALTA, NO MESMO LOCAL. QUANDO ZICO TOCOU NA BOLA, SEU NOME AINDA ESTAVA NO PLACAR PELO GOL ANTERIOR. PAÍS PULOU EM VÃO E O NOME DE ZICO IRIA OUTRA VEZ ILUMINAR O MARACANÃ: 4 X 0.

A GOLEADA CONTRA O AMERICA HAVIA SIDO PELO CAMPEONATO ESTADUAL ESPECIAL, COMPETIÇÃO DISPUTADA ENTRE DEZ EQUIPES. COM OS 3 X 0 NO BOTAFOGO EM 18 DE MARÇO, O FLAMENGO FICOU COM O PRIMEIRO TURNO. ZICO ABRIU A FESTA E COMEMOROU COM ANDRADE E NELSON.

A CONSTATAÇÃO DE QUE AQUELE TIME JOGAVA POR MÚSICA FEZ O RUBRO-NEGRO JOÃO NOGUEIRA REGRAVAR O HISTÓRICO SAMBA RUBRO-NEGRO, ALTERANDO A LETRA QUE FALAVA EM RUBENS, DEQUINHA E PAVÃO.

♪ O MAIS QUERIDO TEM ZICO, ADÍLIO E ADÃO... ♪

MAS NEM PRECISAVA REZAR PARA SÃO JORGE PARA O MENGO SER CAMPEÃO. COM ZICO FAZENDO GOLS DE TODOS OS JEITOS...

...O FLAMENGO GANHOU TAMBÉM O SEGUNDO TURNO, EVITOU OUTRA VEZ UMA DECISÃO E SE TORNOU O PRIMEIRO CAMPEÃO INVICTO DA HISTÓRIA DO MARACANÃ.

O BICAMPEÃO DO RIO NÃO ERA UM TIME QUALQUER. JUNTANDO O SEGUNDO TURNO DE 1978 E OS DOIS DE 1979, NÃO HAVIA SIDO DERROTADO UMA ÚNICA VEZ. ZICO, COM 26 GOLS EM 17 JOGOS, FOI ARTILHEIRO DA COMPETIÇÃO PELA TERCEIRA VEZ CONSECUTIVA E SUPEROU DIDA, TORNANDO-SE O NÚMERO UM ENTRE OS GOLEADORES DA HISTÓRIA RUBRO-NEGRA.

APÓS O ÚLTIMO JOGO, NO DIA 29 DE ABRIL DE 1979, ABRAÇADO AO SEU FILHO CASCÃO, COUTINHO DEIXOU DE LADO SUA TRADICIONAL CAUTELA E FEZ UMA AFIRMAÇÃO A MARCIO BRAGA:

PRESIDENTE, EU OUSO DIZER QUE NÃO APENAS SEREMOS TRICAMPEÕES, MAS TAMBÉM QUE ESTAMOS VENDO NASCER O MAIOR TIME DA HISTÓRIA DO FLAMENGO...

5 DE ABRIL DE 1979. UM POUCO ANTES DA RETA FINAL DO CAMPEONATO ESTADUAL ESPECIAL, A GÁVEA VIVEU UMA TARDE DIFERENTE. ADÍLIO CHEGOU PARA O TREINO ABRAÇADO A UM REFORÇO DE PARAR O TRÂNSITO: EDSON ARANTES DO NASCIMENTO.

NO DIA SEGUINTE, PELÉ JOGARIA PELO FLAMENGO UM AMISTOSO EM PROL DAS VÍTIMAS DAS ENCHENTES OCORRIDAS EM MINAS E NO ESPÍRITO SANTO. NO VESTIÁRIO, COUTINHO NÃO QUIS DECIDIR QUEM VESTIRIA A 10.

— VOCÊS QUE SE ENTENDAM...

— A 10 É TUA, PELÉ. EU VOU FICAR SÓ ASSISTINDO DE PERTINHO...

— É UMA HONRA, ZICO, MAS FAZ DOIS ANOS QUE NÃO JOGO, ENTENDE? EU TOCO E TE ESPERO PRO ABRAÇO!

ANTES DO TREINO, FOTO SOLENE. O CORO QUE VINHA DA ARQUIBANCADA DA GÁVEA, CHEIA DE TORCEDORES, SAUDAVA UM NOME DIFERENTE DOS HABITUAIS.

PE-LÉ! PE-LÉ! PE-LÉ!

COM A BOLA ROLANDO, PELÉ ACERTOU UMA CABEÇADA NO TRAVESSÃO EM CRUZAMENTO DE ZICO E DEU UM PASSE PERFEITO PARA JUNIOR MARCAR UM DOS GOLS DA TARDE. ELE ESTAVA EM CASA NO MEIO DE TANTOS CRAQUES.

— BOA, JUNIOR! QUE GOLAÇO!

RIO DE JANEIRO, 6 DE ABRIL DE 1979. QUASE 140 MIL PESSOAS FORAM AO MARACANÃ PARA VER O ENCONTRO DE REIS.

PELÉ DRIBLOU, TABELOU, LANÇOU DE VOLEIO E DESFILOU SUA CATEGORIA.

O ATLÉTICO VENCIA POR 1 X 0 QUANDO TITA SOFREU PÊNALTI. EM UMA PASSAGEM DE TRONO, PELÉ PEDIU A ZICO QUE COBRASSE. E COM A BOLA NA REDE, O VELHO REI ERGUEU O NOVO EM UM ABRAÇO.

UM DOS DESTAQUES DA NOITE FOI JÚLIO CÉSAR, COM SEUS DRIBLES QUE O FIZERAM SER CHAMADO DE URI GELLER, ALUSÃO AO ISRAELENSE QUE SUPOSTAMENTE ENTORTAVA TALHERES COM A FORÇA DO PENSAMENTO. COM SEU REPERTÓRIO, JULINHO ENTORTOU A COLUNA DOS MARCADORES.

NA ETAPA FINAL, LUISINHO DAS ARÁBIAS ENTROU NO LUGAR DE PELÉ E FEZ UM GOL. CLÁUDIO ADÃO TAMBÉM DEIXOU O DELE E ZICO CRAVOU MAIS DOIS. UMA NOITE ETERNA NO MARACANÃ.

O SEGUNDO CAMPEONATO ESTADUAL DE 1979 SERIA JOGADO EM TRÊS TURNOS. E O FLAMENGO VENCEU TODOS, CHEGANDO A SETE TURNOS CONSECUTIVOS VENCIDOS, TORNANDO-SE TRICAMPEÃO PELA TERCEIRA VEZ.

NA 7ª RODADA DO PRIMEIRO TURNO O FLAMENGO GOLEOU O NITERÓI POR 7 X 1 EM CAIO MARTINS, EM 10 DE JUNHO. ZICO FEZ SEUS GOLS, INCLUINDO O SEU SEGUNDO DAQUELES QUE PELÉ NÃO FEZ, DRIBLANDO O GOLEIRO SEM TOCAR NA BOLA.

♪ ESSE FLAMENGO DE AGORA FAZ LEMBRAR AQUELE DO TRI... QUEM CONHECE A SUA HISTÓRIA DIZ: ASSIM EU NUNCA VI... ♪

PARA COROAR A CONQUISTA DO PRIMEIRO TURNO, O VASCO ENTROU NA RODA NO DIA 22 DE JULHO. JUNIOR, COM DOIS GOLS DE ENORME CATEGORIA, FOI O MELHOR DA VITÓRIA POR 4 X 2.

♪ TEM QUEM TEM RAÇA E TEM FÉ, QUEM MANTÉM A TRADIÇÃO, E ACIMA DE TUDO É RUBRO-NEGRO DE CORAÇÃO... ♪

O RUBRO-NEGRO MORAES MOREIRA, ASSÍDUO NAS CADEIRAS AZUIS DO MARACANÃ COM O FILHO DAVI, IMORTALIZOU A CONQUISTA COM A MÚSICA "VITORIOSO FLAMENGO".

♪ A GAITINHA VAI TOCAR COMO NO TEMPO DE ARI BARROSO... PRA COMEMORAR MAIS UM GOL DESSE MEU VITORIOSO FLAMENGO... ♪

O EXCESSO DE JOGOS LEVOU ZICO A UMA LESÃO MUSCULAR. TITA ASSUMIU A 10 E MARCOU O GOL QUE VALEU O SEGUNDO TURNO: 1 X 0 NO FLUMINENSE NO DIA 23 DE SETEMBRO, QUANDO O EMPATE BASTAVA.

E A GALERA CANTA, FLAMENGO EU SOU TEU FÃ! ♪ GRITO DE GOL LEVANTA, ♪ SACODE O MARACANÃ...

EM MEIO AO SEGUNDO TURNO, AINDA COM ZICO, O FLAMENGO FOI À ESPANHA DISPUTAR O XXV TROFEO RAMÓN DE CARRANZA, EM CÁDIZ. JÚLIO CÉSAR, EM GRANDE FASE, ABRIU O PLACAR CONTRA O BARCELONA NO DIA 25 DE AGOSTO, DESLOCANDO O GOLEIRO AMIGÓ.

AINDA NO PRIMEIRO TEMPO, ZICO FEZ UM GOL ESPETACULAR DE FALTA. OS 2 X 1 FINAIS NÃO TRADUZEM O SHOW DE BOLA DO FLAMENGO, "UMA DAS MAIORES EXIBIÇÕES EM TODOS TEMPOS, SEM UFANISMOS NEM EXAGEROS", SEGUNDO JOÃO SALDANHA.

NO DIA SEGUINTE, NA FINAL CONTRA OS HÚNGAROS DO ÚJPEST, ZICO FEZ UM GOLAÇO POR COBERTURA AOS 9 SEGUNDOS, O MAIS RÁPIDO DA SUA CARREIRA.

NO SEGUNDO TEMPO, ZICO EMENDOU DE PRIMEIRA UMA BOLA ATRAVESSADA POR JUNIOR E FEZ O GOL DO TÍTULO. SEGUNDO EL MUNDO DEPORTIVO, "UN ZICO SENSACIONAL EN PLAN DE DIRECTOR DE ORQUESTRA".

SOB APLAUSOS, O FLAMENGO ERGUEU PELA PRIMEIRA VEZ O RAMÓN DE CARRANZA. ZICO, JUNIOR E ADÍLIO, OS MELHORES EM CAMPO, MOSTRARAM EM CÁDIZ O QUE TODOS OS RUBRO-NEGROS JÁ SABIAM: LOGO AQUELE TIME ESTARIA PRONTO PARA CONQUISTAR O MUNDO.

NA ESTREIA DO TERCEIRO TURNO DO CAMPEONATO ESTADUAL, NA NOITE DE 29 DE SETEMBRO, LEANDRO ENTROU NO LUGAR DE CARPEGIANI E FECHOU A VITÓRIA DE 3 X 0 CONTRA A PORTUGUESA COM UM GOL DE ALTA CLASSE. SEU PRIMEIRO GOL COM O MANTO SAGRADO.

MESMO SEM ZICO, O FLAMENGO CHEGARIA AO TRICAMPEONATO DE MODO ANTECIPADO. TITA FEZ DOIS GOLS NOS 3 X 2 CONTRA O VASCO, NO DIA 28 DE OUTUBRO. O TERCEIRO, EM UMA CABEÇADA MONUMENTAL.

NA NATAÇÃO, RÔMULO ARANTES JÚNIOR HONROU A HISTÓRIA DE SEU PAI E TREINADOR, RÔMULO DUNCAN ARANTES, E SE DESTACOU NA CONQUISTA DO CAMPEONATO CARIOCA ABERTO MASCULINO. VIRGÍNIA ANDREATTA TAMBÉM TEVE UM DESEMPENHO FORMIDÁVEL NO DOMÍNIO RUBRO-NEGRO.

O VÔLEI FEMININO CHEGOU AO BICAMPEONATO CARIOCA E TEVE EM ISABEL A MELHOR JOGADORA DA TEMPORADA. NA DECISÃO, O FLAMENGO VENCEU O TIJUCA POR 3 X 0, NO DIA 11 DE DEZEMBRO DE 1979.

♪ OH, MEU MENGÃO, EU GOSTO DE VOCÊ... ♪

NO FINAL DOS ANOS 1970, ERA IMPOSSÍVEL ACHAR ALGUÉM MAIS FELIZ QUE O TORCEDOR RUBRO-NEGRO. E AQUELA FELICIDADE NÃO ERA APENAS PELAS CONQUISTAS SUCESSIVAS, QUE COLOCAVAM A TORCIDA EM ESTADO PERMANENTE DE FESTA. DA ARQUIBANCADA À GERAL, DO OIAPOQUE AO CHUÍ, TODOS PRESSENTIAM QUE O MELHOR AINDA ESTAVA POR VIR, E QUE LOGO CHEGARIA A HORA DE CANTAR AO MUNDO INTEIRO A ALEGRIA DE SER RUBRO-NEGRO.

CONTINUA...

CONSELHO DIRETOR

Presidente	Luiz Rodolfo Landim Machado
Vice-Presidente Geral e Jurídico	Rodrigo Villaça Dunshee de Abranches
Vice-Presidente de Administração	Jaime Correia da Silva
Vice-Presidente de Comunicação e Marketing	Gustavo Carvalho de Oliveira
Vice-Presidente de Consulados e Embaixadas	Maurício Gomes de Mattos
Vice-Presidente de Departamento de Futebol de Base	Vitor Zanelli
Vice-Presidente de Esportes Olímpicos	Guilherme Kroll
Vice-Presidente de Finanças	Rodrigo Tostes
Vice-Presidente do Fla-Gávea	Getúlio Brasil Nunes
Vice-Presidente de Futebol	Marcos Teixeira Braz
Vice-Presidente de Gabinete da Presidência	Marcelo Conti Baltazar
Vice-Presidente de Patrimônio	Artur Rocha Neto
Vice-Presidente de Patrimônio Histórico	Luis Fernando Fadigas de Almeida
Vice-Presidente de Planejamento	Bernardo Amaral do Amaral
Vice-Presidente de Relações Externas	Adalberto Ribeiro da Silva Neto
Vice-Presidente de Remo	Raul Bagattini
Vice-Presidente de Responsabilidade Social e Ambiental	Ricardo Campelo Trevia de Almeida
Vice-Presidente de Secretaria	Paulo Cesar dos Santos Pereira Filho
Vice-Presidente de Tecnologia da Informação	Alexandre de Souza Pinto

DIRETORES ESTATUTÁRIOS

Diretora de Responsabilidade Social	Angela Rollemberg Santana Landim Machado
Diretor Chefe do Gabinete da Presidência	Fernando Novaes Coutinho
Diretor de Relações Externas	Luis Claudio Cotta
Diretor do Patrimônio Histórico	Luis Fernando Fadigas de Almeida
Diretor de Relações Institucionais	Reinaldo Castro Souza

ASSEMBLEIA GERAL

Presidente	Carlos Henrique Fernandes dos Santos
Vice-Presidente	Gustavo Gomes Fernandes

CONSELHO DELIBERATIVO

Presidente	Antonio Alcides Pinheiro da Silva Freire
Vice-Presidente	Fábio Domingos da Costa
Secretário	Paulo Cezar da Costa Mattos Ribeiro
Secretário	José Muiños Piñeiro Filho

CONSELHO DE ADMINISTRAÇÃO

Presidente	Luiz Eduardo Baptista Pinto da Rocha
Vice-Presidente	Theophilo Antonio Miguel Filho
Secretário	Eduardo Bezerra de M. Carreirão da Silva

CONSELHO DOS GRANDES-BENEMÉRITOS

Presidente	Túlio Cristiano Machado Rodrigues
Vice-Presidente	Marcelo Antero de Carvalho
Secretário	Sidney Marcello

CONSELHO FISCAL

Presidente	Sebastião Pedrazzi
Vice-Presidente	José Pires da Costa Filho
Secretário	Francisco Carlos dos Santos Gularte

DIRETORES-EXECUTIVOS

Diretor-Geral	Reinaldo Belotti
Diretor de Relacionamentos Governamentais	Aleksander Silvino dos Santos
Diretor Jurídico	Antonio Panza
Diretor de Comunicação	Bernardo Monteiro
Diretor Corporativo	Billy Pinheiro
Diretor de Futebol Profissional	Bruno Spindel
Diretor Financeiro	Fernando Goes
Diretora dos Conselhos	Francisca Freire
Diretor do CT	Leandro Leme Junior
Diretor Fla-Gávea	Luiz Paulo Junqueira Segond
Diretor Esportes Olímpicos	Marcelo Vido
Diretor de Marketing	Marcos Senna Motta

Editora	Onze Cultural
Publisher	Marco Piovan
Roteirista	Mauricio Neves de Jesus
Ilustrador	Renato Dalmaso
Editor de Arte	Dalton Flemming
Mídias Sociais	João Piovan
Comunicação e Marketing	Iracema Vieira
Revisor	César dos Reis
Assessoria de Imprensa	Futpress
Financiamento Coletivo	Kickante
Impressão Gráfica	Pancrom

www.onzecultural.com.br / @11cultural

Dados Internacionais de Catalogação na Publicação (CIP)
(Câmara Brasileira do Livro, SP, Brasil)

Jesus, Mauricio Neves de
Me arrebata : epopeias rubro-negras / Mauricio Neves de Jesus, Renato Dalmaso. -- São Paulo : Onze Cultural, 2022.

ISBN 978-65-86818-15-4

1. Flamengo 2. Histórias em quadrinhos I. Dalmaso, Renato. II. Título.

22-133330　　　　　　　　　　　　　　　　　　　　CDD-741.5

Índices para catálogo sistemático:
1. Histórias em quadrinhos 741.5
Aline Graziele Benitez - Bibliotecária - CRB-1/3129